「どんくり」で楽しく学ぶ
共通テスト用プログラム表記完全ガイド

監修：兼宗 進
著者：本多 佑希・漆原 宏丞

まえがき

　情報社会が発達し、あらゆることがコンピュータで処理されるようになった。コンピュータが実行するアプリケーションソフトや OS、ネットワーク通信を扱うソフトウェアはプログラムで記述されている。コンピュータの性質を理解するためには、プログラミングやアルゴリズムの考え方を理解することが早道である。このような背景から、2022 年度から高等学校では「情報 I」が必履科目となり、すべての高校生がプログラミングを学習することになった。

　プログラムを記述するプログラミング言語には数多くの種類が存在するが、本書では、「共通テスト用プログラム表記」を用いてプログラムやアルゴリズムを説明する。

　共通テスト用プログラム表記は、大学入試センターの実施する大学入学共通テスト「情報」の問題中でプログラムを表現するために用いられる。関数名を日本語で記述したり、変数名をローマ字で記述したり、インデントを「｜」などの記号で明示するなど、さまざまな言語で学習した受験生に理解しやすいように工夫されている。

　共通テスト用プログラム表記は、一般的なプログラミング言語とは異なり、プログラムを開発するために使われるものではないが、本書ではプログラミング学習環境「どんくり」を用いてプログラムの動作を確認できるようにした。

　本書は 4 つの章で構成される。第 1 章では、共通テスト用プログラム表記について説明している。共通テスト用プログラム表記の文法を用いて、変数、演算子、配列、条件分岐、反復などが説明されており、プログラミングの考え方を学習することもできる。第 2 章では、プログラミング学習環境「どんくり」について説明している。どんくりをブラウザで実行する方法と、画面でプログラムを記述して実行するための操作方法、学習を支援するための拡張された機能が説明されている。第 3 章では、さまざまなプログラムを解説している。探索や整列などの代表的なアルゴリズムや、配列やスタックなどの代表的なデータ構造を、プログラムを作りながら学ぶことができる。第 4 章では、少し複雑なプログラムやアルゴリズムについて、丁寧に説明している。練習問題も含まれているため、本書で学んだ内容を確認しながら読み進めることができる。

　ぜひ、本書を活用して、プログラミングの理解を深めてほしい。

2024 年 9 月
著者を代表して　兼宗 進

目次

まえがき 3

第1章　共通テスト用プログラム表記とは

1.1　共通テスト用プログラム表記について 8
1.2　表示 9
1.3　変数 11
　1.3.1　変数の使い方 11
　1.3.2　外部からの入力 13
1.4　演算 14
　1.4.1　数値演算 14
　1.4.2　文字列の連結 16
1.5　配列 18
　1.5.1　配列 18
　1.5.2　二次元配列 19
　1.5.3　要素の初期化 20
1.6　制御文（条件分岐） 22
　1.6.1　もし～ならば 22
　1.6.2　そうでなければ 23
　1.6.3　そうでなくもし～ならば 25
　1.6.4　論理演算 27
1.7　制御文（繰り返し） 31
　1.7.1　回数を指定する繰り返し 31
　1.7.2　条件を指定する繰り返し 32
　1.7.3　繰り返し処理と条件分岐や配列との組み合わせ 34
1.8　関数を実行しよう 39
　1.8.1　値を返さない関数 39
　1.8.2　値を返す関数 39
1.9　コメント 42

第2章　プログラミング学習環境 「どんくり」の使い方

2.1　どんくりとは 44
2.2　どんくりの利用 44
2.3　Bit Arrowでの利用 46
2.4　どんくりのプログラミング 50
　2.4.1　インデントの表記 50
　2.4.2　二次元配列の定義 50
　2.4.3　数値と文字列のデータ型 51
　2.4.4　関数の定義 51
2.5　関数を利用しよう 53

第3章　いろいろなプログラムを体験しよう

- 3.1　インデントを使いこなそう 56
- 3.2　FizzBuzz ゲーム 62
- 3.3　代表値 66
- 3.4　二次元配列の代表値 70
- 3.5　数列とプログラミング 75
- 3.6　線形探索 77
- 3.7　二分探索 80
- 3.8　ハッシュ探索 87
- 3.9　数え上げソート 90
- 3.10　数学関数を可視化しよう 93
- 3.11　乱数でおみくじを作ろう 96
- 3.12　円周率を求めよう 99
- 3.13　パスワード生成と計算回数 102
- 3.14　スタックとキュー 106

第4章　プログラミングで問題を解決しよう

- 4.1　画像を数値で伝えよう 112
- 4.2　カッコを使わずに計算しよう 118
  - 4.2.1　逆ポーランド記法 118
  - 4.2.2　逆ポーランド電卓を作ろう 120
- 4.3　バブルソート 125
  - 4.3.1　変数値の交換 125
  - 4.3.2　隣同士の要素比較 126
  - 4.3.3　配列全体の比較処理 126
  - 4.3.4　バブルソートの考え方 127
  - 4.3.5　バブルソート関数の定義 130
  - 4.3.6　比較範囲の指定 130

あとがき 139

第1章 共通テスト用プログラム表記とは

1.1 共通テスト用プログラム表記について

　共通テスト用プログラム表記は、大学入試センターの実施する大学入学共通テストの問題中で、プログラムを表現するために用いられる。

　次のプログラムは、共通テスト用プログラム表記で記述されたプログラムの例である。「要素数」や「表示する」などの関数名を日本語で記述したり、「kazu」や「atai」などの変数名をローマ字で記述したり、インデントを「｜」や「└」などの記号で表示するなど、プログラムを理解しやすいように工夫されている。

```
Data = [64, 34, 25, 12, 22, 11, 90]
kazu = 要素数(Data)
atai = 12
i を 0 から kazu-1 まで 1 ずつ増やしながら繰り返す:
｜　もし Data[i] == atai ならば:
└　└　表示する(i，"番目に発見")
表示する(Data)
```

1.2 表示

関数「表示する」を使うと、文字や数値を画面に表示できる。表示する内容は「( )」の中に指定する。

次のプログラムでは、文字列「hello」を画面に表示している。プログラムの中で、文字列は「" "」（ダブルクォーテーション）で囲んで記述する。

```
表示する("hello")
```

（実行結果）
```
hello
```

プログラムは、第 2 章で紹介する「どんくり」などの学習ツールで実行することができる。次の図に、「どんくり」の画面に入力したプログラムと、実行結果が表示された様子を示す。

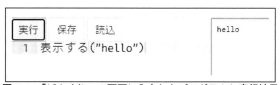

図 1.1 「どんくり」の画面に入力したプログラムと実行結果

「表示する」を使い、数値を表示することもできる。次のプログラムでは、数値の 100 を画面に表示している。

```
表示する(100)
```

（実行結果）
```
100
```

「表示する」には、「,」（カンマ）で区切る形で複数の値を渡すこともできる。次のプログラムでは、文字列「hello」と数値「999」を表示している。

```
表示する("hello", 999)
```

（実行結果）
```
hello 999
```

3つ以上の値を表示することもできる。

```
表示する("このように"，3，"つ以上を表示することも可能")
```

（実行結果）
このように 3 つ以上を表示することも可能

複数の命令が並んでいるプログラムでは、基本的には上からひとつずつ実行される。次のプログラムでは、3個の「表示する」が上から順にひとつずつ実行される。

```
表示する("しずけさや")
表示する("いわにしみいる")
表示する("せみのこえ")
```

（実行結果）
しずけさや
いわにしみいる
せみのこえ

1.3 変数

1.3.1 変数の使い方

変数を使うと、数値や文字の値に名前を付けて記憶しておくことができる。変数に値を代入するときは「=」を使用する。

変数名 ＝ 数値や文字列など

変数は、データを入れる箱のようなものと考えることもできる。次の図に、変数の箱に 3 や 5 のデータが入っている様子を示す。

図 1.2　変数の箱に入ったデータ

変数名は、アルファベットから始まる英数字で、「_」(アンダースコア) の記号も使うことができる。数値や文字列を入れる変数名は「moji」のように小文字から始まるが、複数の値を入れる配列の変数名は「Moji」のように大文字から始める。

本書で紹介するプログラムでは、変数名に「kazu」のようなローマ字を使用するが、意味が明確な場合は「Data」のような英単語を使用する。また、数値を表す変数名は「x」「y」や「m」「n」などを使い、数をカウントするための変数名は「i」「j」などを使用する。

変数を使う具体的なプログラム例を見てみよう。次のプログラムでは、1 行目で変数「moji」に文字列「hello」を代入し、2 行目で変数「moji」を表示している。実行すると、画面に「hello」が表示される。

```
moji = "hello"
表示する(moji)
```

(実行結果)
hello

変数には数値を代入することもできる。次のプログラムでは、変数「kakaku」に 100 を代入

し、その値を表示している。

```
kakaku = 100
表示する("価格は", kakaku)
```

（実行結果）
価格は 100

　プログラムの中で、複数の変数を使うこともできる。次のプログラムでは、変数「tuki」と変数「hi」に月と日を代入して表示している。

```
tuki = 5
hi = 12
表示する("今日は", tuki, "月", hi, "日です。")
```

（実行結果）
今日は 5 月 12 日です。

　「,」（カンマ）で区切ることで、複数の変数をまとめて 1 行で作成することもできる。

```
tuki = 5, hi = 12
表示する("今日は", tuki, "月", hi, "日です。")
```

　複数のデータを配列として、まとめて扱うことができる。配列は「[...]」の中に、要素を「,」（カンマ）で区切る形で記述する。配列の変数名は先頭文字が大文字になっている。

変数名 = [要素 1, 要素 2, 要素 3, ...]

```
Test_kekka = [78, 67, 88]
表示する("テストの結果は", Test_kekka)
```

（実行結果）
テストの結果は [78, 67, 88]

　次の図に、配列に複数のデータが入っている様子を示す。

| Test_kekka | 78 | 67 | 88 |

図 1.3　複数のデータが入った配列

1.3.2　外部からの入力

「【外部からの入力】」を使うと、キーボードから入力した値を変数に代入することができる。

```
x = 【外部からの入力】
表示する("入力したのは", x)
```

（実行結果）
【入力値】　123
入力したのは　123

1.4 演算

「+」などの演算子を使うと、式の計算を行うことができる。ここでは、数値の計算を行う演算子と、文字列の結合を行う演算子を紹介する。

1.4.1 数値演算

数学で使用する加減乗除の四則演算は、プログラム中の計算式でも利用できる。ただし、一部の記号は数学の記号と異なるものがあるため注意が必要である。次の表に、数値演算の記号を示す。

表 1.1 数学とプログラムの数値演算記号

意味	数学の記号	プログラムの記号
加	+	+
減	-	-
乗	×	*
除	÷	/
商		÷
剰		%
累乗		**

四則演算

足し算と引き算は数学と同じ記号を使える。四則演算の優先順位は数学と同様であり、掛け算と割り算が足し算と引き算より優先して計算される。また、カッコを使うことで数学と同様に計算の順序を指定することも可能である。

```
x = 10, y = 3
z = x + y
表示する("足し算 =", z)
z = x - y
表示する("引き算 =", z)
```

（実行結果）
足し算 = 13
引き算 = 7

掛け算は、「*」(アスタリスク)を使用する。

```
x = 10, y = 3
z = x * y
表示する("掛け算 =", z)
```

(実行結果)
掛け算 = 30

割り算は、「/」(スラッシュ)を使用する。

```
x = 10, y = 3
z = x / y
表示する("割り算 =", z)
```

(実行結果)
割り算 = 3.333333

整数の割り算

「÷」と「%」を使用すると、整数の商と余りを計算できる。整数の割り算では、「10を3で割ると、商は3で余りは1」となる。次のプログラムでは、「10 ÷ 3」を計算することで、商の3を求めている。

```
x = 10, y = 3
z = x ÷ y
表示する(z)
```

(実行結果)
3

次のプログラムでは、「10 ％ 3」を計算することで、余りの 1 を求めている。

```
x = 10, y = 3
z = x % 3
表示する(z)
```

（実行結果）
1

累乗の計算

「**」を使うと累乗を計算できる。累乗は、「2 の 3 乗」であれば「2 × 2 × 2」のように 2 を 3 回掛け合わせる意味になる。プログラムでは、「2 ** 3」のように書くことができる。次のプログラムでは、「10 ** 3」により 10 の 3 乗が計算され、結果の 1000 が表示される。

```
x = 10, y = 3
z = x ** y
表示する(z)
```

（実行結果）
1000

1.4.2　文字列の連結

「+」を使うと、複数の文字列を連結することができる。次のプログラムでは、「s1 + s2」により、文字列「s1」と文字列「s2」が連結されて「前半の文字列後半の文字列」が表示される。

```
s1 = "前半の文字列"
s2 = "後半の文字列"
s = s1 + s2
表示する(s)
```

（実行結果）
前半の文字列後半の文字列

次のプログラムでは、3つの文字列を連結している。

```
kami = "しずけさや"
naka = "いわにしみいる"
shimo = "せみのこえ"
haiku = kami + naka + shimo
表示する(haiku)
```

(実行結果)
しずけさやいわにしみいるせみのこえ

1.5 配列

配列を使うと、複数の値をひとつの変数に入れて使うことができる。ここでは配列の使い方を学ぼう。

1.5.1 配列

配列の変数名は、「Test_kekka」のように先頭の 1 文字を大文字にする。配列には複数の要素が入っており、それぞれの要素は 0 から始まる番号の添字で参照する。

```
            0   1   2
Test_kekka  78  67  88
```

図 1.4　配列の添字と要素

次のプログラムでは、配列「Test_kekka」に「78，67，88」の 3 つの要素を代入している。

```
Test_kekka = [78, 67, 88]
表示する("テストの結果は", Test_kekka)
```

（実行結果）
テストの結果は [78，67，88]

配列の要素は、添字の番号を指定して参照できる。次のプログラムでは、「12，34，56，78」の 4 つの要素を、「0，1，2，3」の添字を使い、画面に表示している。

```
Data = [12, 34, 56, 78]
表示する("1個目の要素:", Data[0])
表示する("2個目の要素:", Data[1])
表示する("3個目の要素:", Data[2])
表示する("4個目の要素:", Data[3])
```

（実行結果）
1個目の要素：12
2個目の要素：34
3個目の要素：56
4個目の要素：78

添字で要素を指定することで、要素の値を計算などに使うことができる。次のプログラムで

は、4つの要素のうち、3つの値だけを計算に使っている。

```
Data = [12, 34, 56, 78]
goukei = Data[0] + Data[1] + Data[3]
表示する("要素の合計:", goukei)
```

（実行結果）
要素の合計: 124

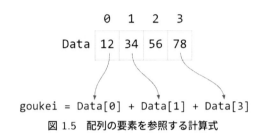
図 1.5　配列の要素を参照する計算式

　配列の要素を参照するときは、変数で添字を指定することもできる。次のプログラムは、キーボードから添字の番号を入力し、その要素を表示する。

```
Data = [12, 34, 56, 78]
表示する("0〜3の数字を入力してください")
p = 【外部からの入力】
表示する(Data[p])
```

（実行結果）
【入力値】2
56

1.5.2　二次元配列

　二次元配列を使うと、表形式のデータを扱うことができる。二次元配列では、要素を行と列の添字で指定する。次の図は、2行3列の二次元配列で、0行1列には34が、1行2列には987が入っている。

	0	1	2
0	12	34	56
1	321	654	987

図 1.6　二次元配列の添字と要素

プログラムでは、「Data[1, 2]」のように書くことで、二次元配列の要素を参照できる。次のプログラムでは、図 1.6 の二次元配列「Data」の要素を参照している。

```
# Data という二次元配列が定義されているものとする
表示する("Data[0, 0] の値は", Data[0, 0])
表示する("Data[1, 2] の値は", Data[1, 2])
```

（実行結果）
Data[0, 0] の値は 12
Data[1, 2] の値は 987

次のプログラムでは、1 行目の合計と 2 行目の合計の値を計算してから、それらの値の和を表示している。

```
goukei0 = Data[0, 0] + Data[0, 1] + Data[0, 2]
goukei1 = Data[1, 0] + Data[1, 1] + Data[1, 2]
goukei = goukei0 + goukei1
表示する(goukei)
```

（実行結果）
2064

1.5.3　要素の初期化

「すべての値を 0 にする」を使うと、指定した値の入った配列を作成できる。

> （配列名）のすべての値を 0 にする

次のプログラムでは、1 行目で「Syukei のすべての値を 0 にする」で要素の値が 0 の配列を作っている。2 行目では、「Syukei[0] = Syukei[0] + 2」の右辺で「Syukei[0] + 2」を計算するが、「Syukei[0]」の値は 0 なので、「0 + 2」が計算された結果、「Syukei[0] = 2」の

形で「Syukei[0]」に2が代入される。
　以降の行も同様に計算が行われる。「Syukei[1]」と「Syukei[2]」の値についても、プログラムがどのように実行されるのかを確認してみよう。

```
Syukeiのすべての値を0にする
Syukei[0] = Syukei[0] + 2
Syukei[1] = Syukei[1] + 1
Syukei[2] = Syukei[2] + 4
表示する(Syukei)
```

（実行結果）
[2, 1, 4]

1.6　制御文（条件分岐）

条件分岐を使用すると、指定した条件が成り立ったときに処理を実行することができる。

1.6.1　もし～ならば

「もし～ならば」を使うと、条件が成り立つときだけ処理を実行できる。

```
もし 条件 ならば:
└　条件が成立したときの処理
```

次のプログラムでは、キーボードから入力した数を変数「x」に入れた後、x が 0 未満の場合は「x = x * -1」で x に -1 を掛けている。-1 を掛けると正負の符号が反転するため、このプログラムは「キーボードから入力した値が負の数だった場合は、符号を反転して正の数にする」働きをする。入力した値が 0 か正の数だった場合は、条件が成り立たないため符号を反転する処理は実行されない。結果として、このプログラムは「入力された数値の絶対値を求める」動作をする。

```
x = 【外部からの入力】
もし x < 0 ならば:
└　x = x * -1
表示する（x）
```

（実行結果）
【入力値】-12
12

次の図に、このプログラムの処理の流れを示す。

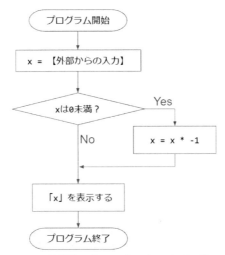

図 1.7 絶対値を求めるプログラム処理の流れ

1.6.2 そうでなければ

「もし〜ならば」では、条件が成り立つときに実行する処理を指定できた。「もし〜ならば」に加えて「そうでなければ」を使うと、条件が成り立たないときに実行する処理も指定できる。

```
もし 条件 ならば:
│   条件が成立したときの処理
そうでなければ:
└   条件が成立しなかったときの処理
```

次のプログラムでは、「password == "sakura"」の部分で、変数「password」に代入された文字列と正しいパスワードである「sakura」と等しいかどうかを調べている。画面には、文字列が等しい場合には「ログイン成功」が表示され、そうでない場合には「ログイン失敗」が表示される。

この例では、変数「password」に「kaede」が代入されていたため、実行すると「ログイン失敗」が表示された。変数「password」の値を変更して、動作を確認しよう。

```
password = "kaede"
もし password == "sakura" ならば:
│   表示する("ログイン成功")
そうでなければ:
└   表示する("ログイン失敗")
```

（実行結果）
ログイン失敗

次の図に、このプログラムの処理の流れを示す。

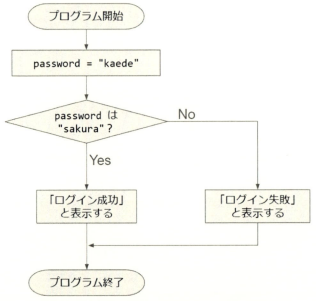

図 1.8　パスワードを調べるプログラム処理の流れ

今回は等しいことを調べる「==」を使用したが、数値の比較を含めると、次の表のような比較を行うことができる。

表 1.2　値の一致と大小関係を比較する記号

記号	使用例	意味
==	a == b	aとbは同じ？
!=	a != b	aとbは違う？
>	a > b	aはbより大きい？
>=	a >= b	aはb以上？
<	a < b	aはbより小さい？
<=	a <= b	aはb以下？

次のプログラムでは、変数「x」の数値が 60 以上の場合は「合格」を、そうでない場合は「再試験」を表示する。この例のように、数値の比較を行うことで成績判定プログラムを作成することができる。

```
x = 78
もし x >= 60 ならば:
｜   表示する("合格")
そうでなければ:
└   表示する("再試験")
```

（実行結果）
合格

1.6.3　そうでなくもし〜ならば

「もし〜ならば」と「そうでなければ」を使うと、条件が成り立つときと成り立たないときの 2 つの処理を指定できた。「そうでなくもし〜ならば」を加えると、3 つ以上の処理を指定することができる。

```
もし 条件1 ならば:
｜   条件1が成立したときの処理
そうでなくもし 条件2 ならば:
｜   条件1が成立せず、条件2が成立したときの処理
そうでなければ:
└   どちらの条件も成立しなかったときの処理
```

次のプログラムでは、変数「x」の値によって成績を判定する。変数「x」の値が 80 以上であれば「A」を、そうでなく 60 以上なら「B」を、そうでない場合（60 未満の場合）は「C」を表示する。変数「x」の値を変えて動作を確認しよう。

```
x = 78
もし x >= 80 ならば:
｜   表示する("A")
そうでなくもし x >= 60 ならば:
｜   表示する("B")
そうでなければ:
└   表示する("C")
```

（実行結果）
B

次の図に、このプログラムの処理の流れを示す。

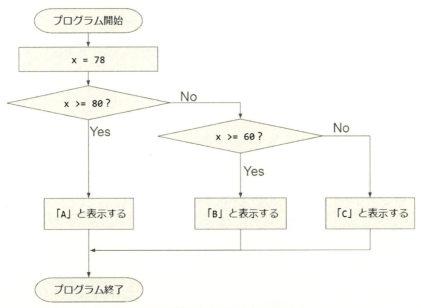

図 1.9　成績を判定するプログラム処理の流れ

「そうでなくもし」を複数回使うことで、4つ以上の条件で分岐させることも可能である。次のプログラムでは、上記の成績判定プログラムを改良し、変数「x」が 40 以上なら「C」、そうでない場合（40 未満の場合）は「D」を表示するようにした。

```
x = 53
もし x >= 80 ならば:
│　  表示する("A")
そうでなくもし x >= 60 ならば:
│　  表示する("B")
そうでなくもし x >= 40 ならば:
│　  表示する("C")
そうでなければ:
└　  表示する("D")
```

（実行結果）
C

1.6.4　論理演算

条件として、複数の条件を組み合わせて指定することもできる。条件を組み合わせるときは、「条件 1 と条件 2 が両方とも成り立つとき（and）」「条件 1 か条件 2 がどちらか片方でも成り立つとき（or）」の 2 種類がある。また、「条件が成り立たなかったとき（not）」も存在する。これらを順に見ていこう。

and 演算と or 演算

次のプログラムでは、「x > 0」と「y > 0」が両方とも成り立つときは「OK」を表示し、そうでない場合は（片方でも成り立たなければ）「NG」を表示する。変数「x」と変数「y」の値を正の値と負の値に変えて、両方の条件が成立するときだけ「OK」が表示されることを確認しよう。

```
x = 10
y = 5
もし x > 0 and y > 0 ならば:
｜　表示する("OK")
そうでなければ:
└　表示する("NG")
```

（実行結果）
OK

次のプログラムでは、「x > 0」と「y > 0」がどちらか片方でも成り立つときは「OK」を表示し、そうでない場合は（両方とも成り立たなければ）「NG」を表示する。変数「x」と変数「y」の値を正の値と負の値に変えて、両方の条件が成立しないときだけ「NG」が表示されることを確認しよう。

```
x = 10
y = -5
もし x > 0 or y > 0 ならば:
｜　表示する("OK")
そうでなければ:
└　表示する("NG")
```

（実行結果）
OK

次のプログラムは、「and」と「or」を組み合わせて使う例である。「(x > 0 and y > 0) or x % 2 == 0」の条件式は、カッコが付いている「(x > 0 and y > 0)」が先に実行される。そ

の結果、「xとyが両方とも正の値であるか、xが2で割り切れる（xは偶数である）」ことを調べることになる。変数「x」と変数「y」の値を変えて、「OK」が表示される場合と「NG」が表示される場合の値を確認しよう。

```
x = 11, y = 15
もし (x > 0 and y > 0) or x % 2 == 0 ならば:
│　 表示する("OK")
そうでなければ:
└　 表示する("NG")
```

（実行結果）
OK

　次のプログラムでは、「and」と「or」を組み合わせて使うときに、カッコの場所が異なっている例である。「x > 0 and (y > 0 or x % 2 == 0)」の条件式は、カッコが付いている「(y > 0 or x % 2 == 0)」が先に実行される。その結果、「xが正の値であり、yが正の値であるかxが2で割り切れる」ことを調べている。変数「x」と変数「y」の値を変えて、「OK」が表示される場合と「NG」が表示される場合の値を確認しよう。

```
x = 10, y = 15
もし x > 0 and (y > 0 or x % 2 == 0) ならば:
│　 表示する("OK")
そうでなければ:
└　 表示する("NG")
```

（実行結果）
OK

1.6 制御文（条件分岐）

not 演算

「not」を使うことで、「条件が成り立たないとき」に処理を実行できる。次のプログラムでは、「変数「x」の値は 0 以上」を表す「x >= 0」という条件式に「not」が付いた「not x >= 0」という条件式になっているため、「変数「x」の値は 0 以上でない」という意味になる。

```
x = 99
もし not（x >= 0）ならば：
|    表示する("負")
そうでなければ：
└    表示する("0 以上")
```

（実行結果）
0 以上

「not」を「and」や「or」と組み合わせて使うことができる。次のプログラムでは、変数「x」の値が 0 以上 100 以下でない場合は「範囲外」が表示される。そうでない場合は（値が 0 以上 100 以下の場合は）「範囲内」が表示される。

```
x = 123
もし not（x >= 0 and x <= 100）ならば：
|    表示する("範囲外")
そうでなければ：
└    表示する("範囲内")
```

（実行結果）
範囲外

適切にカッコを使おう

論理演算を 2 個以上使う場合は、計算する順番をカッコで示すようにしよう。次のプログラムでは「not」「>=」「<=」という演算が使われているが、実際には「(not x >= 0) and x <= 100」「not（x >= 0 and x <= 100）」など複数の順序が考えられるため、プログラムの意味が曖昧になってしまう可能性がある。

```
x = 123
もし not x >= 0 and x <= 100 ならば：
|    表示する("NG")
そうでなければ：
└    表示する("OK")
```

このプログラムの場合、想定していたのは「xの値が0以上100以下か？」であるため、次のプログラムのようにカッコを付けるのが正しい。

```
x = 123
もし not (x >= 0 and x <= 100) ならば:
│　　表示する("NG")
そうでなければ:
└　　表示する("OK")
```

（実行結果）
NG

　なお、「数学で加算（足し算）と減算（引き算）より乗算（掛け算）と除算（割り算）が先に計算されることが決まっている」ように、プログラミングにおいても使用するプログラミング言語ごとに演算の優先順位が決まっていることがある。その場合でも、適切にカッコを付けることで、コンピュータや他のプログラマに対して演算の順位を明確に示すことができる。

1.7 制御文（繰り返し）

繰り返しを使用すると、処理を何度も繰り返して実行することができる。繰り返しには、「回数を指定する繰り返し」と「条件を指定する繰り返し」がある。これらを順に見ていこう。

1.7.1 回数を指定する繰り返し

回数を指定する繰り返しでは、決まった回数だけ処理を繰り返すことができる。

```
変数名 を start から end まで step ずつ増やしながら繰り返す:
└ 繰り返したい処理
```

次のプログラムでは、変数「i」の値を 1 から 10 まで 1 ずつ増やしながら、「表示する（i，"回目の表示"）」の処理を 10 回繰り返して実行する。実行すると、画面には「1 回目の表示」から「10 回目の表示」までの 10 行が表示される。

```
i を 1 から 10 まで 1 ずつ増やしながら繰り返す:
└ 表示する（i，"回目の表示"）
```

（実行結果）
1 回目の表示
2 回目の表示
3 回目の表示
（省略）
9 回目の表示
10 回目の表示

次の図に、このプログラムの処理の流れを示す。

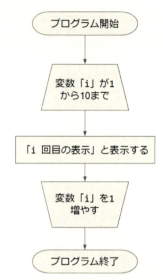

図 1.10　回数を指定する繰り返し処理の流れ

次のプログラムでは、変数「goukei」に 0 を入れておき、繰り返しの中で「i」の値を「goukei」に加えることにより、1 から 10 までの数の合計を計算することができる。

```
goukei = 0
i を 1 から 10 まで 1 ずつ増やしながら繰り返す：
└   goukei = goukei + i
表示する（goukei）
```

（実行結果）
55

今回は「1 から 10 まで」のように、1 から始まる繰り返しを扱ったが、コンピュータは 0 から始まる数を扱いやすいため、「0 から 9 まで」のような繰り返しもよく使われる。

1.7.2　条件を指定する繰り返し

条件を指定する繰り返しでは、条件が成り立つ間だけ処理を繰り返すことができる。

```
条件　の間繰り返す：
└   繰り返したい処理
```

次のプログラムでは、「x < 10」が成り立つ間、「x = x + 2」と「表示する（x）」の 2 行の処

理を繰り返して実行する。変数「x」の値は、最初は 0 が代入されているが、繰り返し処理の中で「x = x + 2」が実行され、2 ずつ大きくなっていく。変数「x」の値は「0，2，4，6，8，10」のように変化し、値が 8 までは「x < 10」が成り立つため繰り返しを実行するが、値が 10 になったところで「x < 10」が成り立たなくなり、繰り返しの実行を終了する。

```
x = 0
x < 10 の間繰り返す：
│   x = x + 2
└   表示する（x）
```

（実行結果）
2
4
6
8
10

次のプログラムでは、繰り返しのたびにキーボードから入力した値を変数「x」に加えている。プログラムを実行して、入力する値によって繰り返す回数が変わることを確認しよう。

```
x = 0
x < 10 の間繰り返す：
│   n = 【外部からの入力】
│   x = x + n
└   表示する（x）
```

（実行結果）
【入力値】1
1
【入力値】3
4
【入力値】3
7
【入力値】4
11

次の図に、このプログラムの処理の流れを示す。

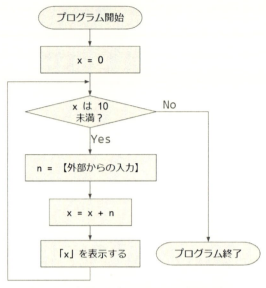

図 1.11　条件を指定する繰り返し処理の流れ

1.7.3　繰り返し処理と条件分岐や配列との組み合わせ

繰り返し処理を、条件分岐や配列と組み合わせて使うこともできる。

繰り返しによる配列の処理

　繰り返し処理を使うと、配列の要素を順に処理することができる。次のプログラムでは、3人の名前の入った配列「Seito」の要素をひとつずつ画面に表示している。プログラムを実行して動作を確認しよう。

```
Seito = ["田中", "鈴木", "佐藤"]
iを0から2まで1ずつ増やしながら繰り返す:
└　表示する(Seito[i], "さん、こんにちは")
```

（実行結果）
田中　さん、こんにちは
鈴木　さん、こんにちは
佐藤　さん、こんにちは

図 1.12 繰り返しによる配列処理

次のプログラムでは、3個の数値の入った配列「Data」の要素を変数「goukei」にひとつずつ加えている。実行すると、合計点の 230 が表示される。

```
Data = [78, 64, 88]
goukei = 0
i を 0 から 2 まで 1 ずつ増やしながら繰り返す:
  goukei = goukei + Data[i]
表示する("テストの合計点は", goukei)
```

（実行結果）

テストの合計点は 230

繰り返し処理を二次元配列と組み合わせることもできる。次のプログラムでは、2 行 3 列の 6個の数値の入った配列「Data」の要素を順に画面に表示している。配列「Data」が図 1.13 の値のときの実行結果を示す。

このプログラムでは、2つの繰り返しが使われている。外側の繰り返し処理は、配列の行を扱う。内側の繰り返し処理は、配列の列を扱う。外側の繰り返しの 1 回目の実行では、変数「i」の値は 0 である。そして、内側の繰り返しの実行で、変数「j」の値は 0, 1, 2 と変化する。そこで、「Data[i, j]」の値は、「Data[0, 0]」「Data[0, 1]」「Data[0, 2]」と変化する。外側の繰り返しの 2 回目の実行では、変数「i」の値は 1 になる。そして、内側の繰り返しの実行で、変数「j」の値は 0, 1, 2 と変化する。そこで、「Data[i, j]」の値は、「Data[1, 0]」「Data[1, 1]」「Data[1, 2]」と変化する。

```
gyo = 2
retu = 3
i を 0 から gyo-1 まで 1 ずつ増やしながら繰り返す:
│   j を 0 から retu-1 まで 1 ずつ増やしながら繰り返す:
└   └   表示する(i, ",", j, ":", Data[i,j])
```

(実行結果)
0 , 0 : 12
0 , 1 : 23
0 , 2 : 34
1 , 0 : 21
1 , 1 : 32
1 , 2 : 43

次の図に、このプログラムの処理の流れを示す。

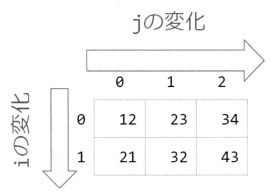

図 1.13　繰り返し変数を利用した二次元配列の参照

繰り返し処理と条件分岐との組み合わせ

　繰り返し処理と条件分岐を組み合わせると、繰り返し処理の中で特定の条件が成り立つときだけ処理を行える。次のプログラムでは、変数「i」の値を 0 から 9 まで 1 ずつ変化させながら 10 回の繰り返し処理を行う。繰り返しの中では、「i % 2 == 0」で i の値を調べ、i が 2 で割り切れるとき（i が偶数のとき）に i を画面に表示する。結果として、0 から 9 までの偶数が表示される。プログラムを実行して動作を確認しよう。

```
i を 0 から 9 まで 1 ずつ増やしながら繰り返す：
 │ 　もし i % 2 == 0 ならば：
 └ 　└ 　表示する(i)
```

（実行結果）
0
2
4
6
8

　次のプログラムでは、キーボードから入力された変数「x」の値を調べ、偶数の場合だけ変数「goukei」に加える。そして、goukei の値が 100 以下の間だけ処理を繰り返す。goukei の値が 100 を超えたら、繰り返しを抜けて goukei を表示する。

```
goukei = 0
goukei <= 100 の間繰り返す:
│   x = 【外部からの入力】
│   もし x % 2 == 0 ならば:
└   └     goukei = goukei + x
表示する (goukei)
```

（実行結果）
【入力値】34
【入力値】55
【入力値】56
【入力値】12
102

　この実行例では、「34，55，56，12」を順に入力した。入力した値のうち、55は奇数なので合計に含まれず、「34 + 56 + 12 = 102」という計算によって、画面に102が表示されている。

1.8 関数を実行しよう

関数を使うと、「画面に文字を表示する」「配列の要素数を数える」「ランダムな数を作る」などの便利な機能を使うことができる。

関数を実行するときは、「( )」の中に、引数と呼ばれる関数に渡すデータを書くことができる。次の例で、1 行目は引数を渡さない例を、2 行目は引数を 1 個だけ渡す例を、3 行目は 2 個以上の引数を渡す例を示している。

```
関数名 ()
関数名 (引数)
関数名 (引数 1, 引数 2, ...)
```

関数には、値を返す関数と値を返さない関数がある。これらを順に見てみよう。

1.8.1 値を返さない関数

これまで使ってきた「表示する」は値を返さない関数だった。「表示する」は、「( )」の中には「"hello"」のような 1 個の引数を書くこともできるし、「"こんにちは、"」と「"ロボットさん"」のような 2 個の引数を書くこともできる。

```
表示する ("hello")
表示する ("こんにちは、", "ロボットさん")
```

（実行結果）
```
hello
こんにちは、　ロボットさん
```

1.8.2 値を返す関数

関数は、計算した値を返すこともできる。たとえば、ランダムな数を返す乱数関数を呼び出すと、「5」「3」などさまざまな数が返される。プログラムでは、「x = 乱数 ()」のように、関数から返された値を変数に代入して利用することができる。

図 1.14 プログラムからの関数呼び出し

以下に、いくつかの関数を紹介する。

乱数

「乱数」は、ランダムな値を生成する関数である。実行すると、0 以上 1 未満の範囲のランダムな実数を返す。

次のプログラムでは、「x = 乱数 ()」により、関数「乱数」で生成された数が変数 x に入る。「もし x < 0.1 ならば:」により、変数「x」の値が 0.1 未満の場合には「当たり」が表示される。生成される 0 以上 1 未満の実数のうち、0.1 未満の値は 10 分の 1 であるため、このプログラムは当たり率 10% のクジを引くプログラムであることがわかる。何度か実行して、「当たり」の出る確率を観察しよう。

```
x = 乱数 ()
もし x < 0.1 ならば:
│　表示する ("当たり")
そうでなければ:
└　表示する ("はずれ")
```

（実行結果）
はずれ

整数

「整数」は、小数点以下の値を切り捨てる関数である。たとえば、12.4 は 12 になる。

次のプログラムでは、キーボードから小数点を含む値を入力して変数 x に代入する。その値の小数点以下を切り捨てて変数「y」に代入し、画面に表示する。

```
x = 【外部からの入力】
y = 整数(x)
表示する(y)
```

(実行結果)
【入力値】12.56
12

配列の要素数を取得する

「要素数」は、配列の要素数を取得する関数である。

次のプログラムでは、配列「Data」は5個の要素を持つ。Dataを引数として関数「要素数」を実行することで、変数「kosu」にDataの要素数を代入する。このプログラムを実行すると、配列「Data」の要素数である5が表示される。

```
Data = [3, 5, 1, 2, 6]
kosu = 要素数(Data)
表示する(kosu)
```

(実行結果)
5

1.9 コメント

コメントを使うと、プログラムの中に、人が見たときに参考になるメモや説明などの情報を書くことができる。コメントの部分はプログラムとして実行されないため、自由な内容を書くことができる。プログラム中に「#」があると、それより右側はコメントとして扱われる。

```
# 「#」より右側はコメントになる。プログラムを説明するメモなどを書ける
```

次のプログラムを実行し、コメントの働きを確認しよう。このプログラムを実行すると、3行目はコメントとして実行されないため、変数「a」の値は 2 倍されず、11 が表示される。この例のように、プログラムを作成するときに、一時的に実行したくない部分をコメントにして、動作を確認することが可能である。

```
a = 10
a = a + 1
# a = a * 2
表示する(a)
```

(実行結果)
11

次のプログラムでは、プログラムの説明文をコメントに書くことで、メモとして活用している。

```
# やりたいこと：当たり 10% のガチャで何回引けば出るかシミュレーション
# 10% を引いた＝乱数関数を使って 0〜0.1 が出た、とする

r = 乱数() # 0〜1 の範囲の実数を生成
c = 1

r >= 0.1 の間繰り返す: # 0.1を超えるとハズレだから引き直す
│   c = c + 1
└   r = 乱数()

表示する("10% の当たりを引くまでに", c, "回かかりました")
```

プログラムの中に適切なコメントを残すことで、他の人がプログラムを読むときや、将来自分自身がプログラムを読み返したときに、プログラムを理解しやすくすることができる。

第2章

プログラミング学習環境「どんくり」の使い方

2.1 どんくりとは

どんくりは、共通テスト用プログラム表記のプログラムを記述して、実行して動作を確認できるプログラミング学習環境である。どんくりは、Web ブラウザで手軽に利用することができるほか、プログラミングの学習を支援するための独自の関数などが用意されている。この章では、個人で利用するための「どんくり」と、高等学校の授業などで利用するための「Bit Arrow」について説明する。

2.2 どんくりの利用

次の URL からアクセスすると、どんくりを利用できる。このページには共通テスト用プログラム表記の解説も掲載されているため、説明を読みながらプログラムを実行して理解していくことができる。

https://dncl.eplang.jp/

表示された画面から「どんくり 2 を起動」を選択することで、どんくりの画面を表示できる。「どんくり 2 解説」を選択すると、次の画面が表示される。この画面では、説明を読みながら、プログラムを入力して、実行しながら動作を確認できる。

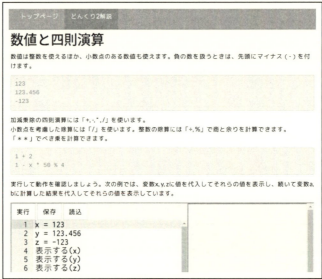

図 2.1 どんくり 2 の解説ページ

どんくりの画面では、左側の「エディター」にプログラムを記述して、「実行」ボタンで実行すると、右側に「実行結果」が表示される。次のプログラムでは、エディター画面で「a=5」と「表示する(a)」を記述して実行し、実行結果画面に「5」が表示されている。

図 2.2　プログラムの入力と実行

プログラムに文法が正しくない箇所が存在する場合は、実行ボタンを押した際にプログラムの実行は行われず、画面にエラーダイアログが表示される。

次の画面は、「表示する(a)」の閉じ括弧を書き忘れたときに表示されるエラーダイアログの例である。プログラムの修正が必要と推測される箇所が「★★★」で表示されている。

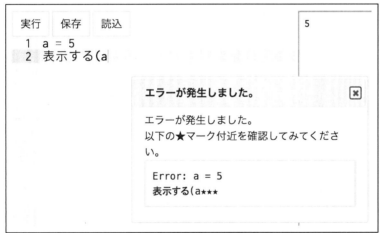

図 2.3　文法エラーの表示例

文法は正しいが、実行の途中で実行を続けられない不具合が見つかった場合は、画面にアラートダイアログが表示される。

次の画面は、「表示しない」という存在しない関数を実行した場合のアラートダイアログの例である。

図 2.4　実行時エラーの表示例

作成したプログラムは、ファイルに保存することができる。画面上部の「保存」ボタンを押すと、ファイル名の入力欄が表示される。ファイルの拡張子は「.dncl2」である。

次の画面では、「練習.dncl2」というファイル名でプログラムをファイルに保存している。

図 2.5　プログラムの保存

保存したプログラムは、画面上部の「読込」ボタンからエディターに読み込むことができる。

2.3　Bit Arrow での利用

どんくりを授業などで利用する際は、オンラインプログラミング環境「Bit Arrow」の中で利用することもできる。

次の URL からアクセスすると、Bit Arrow を利用できる。

https://bitarrow.eplang.jp/

この URL にアクセスすると、次の画面が表示される。

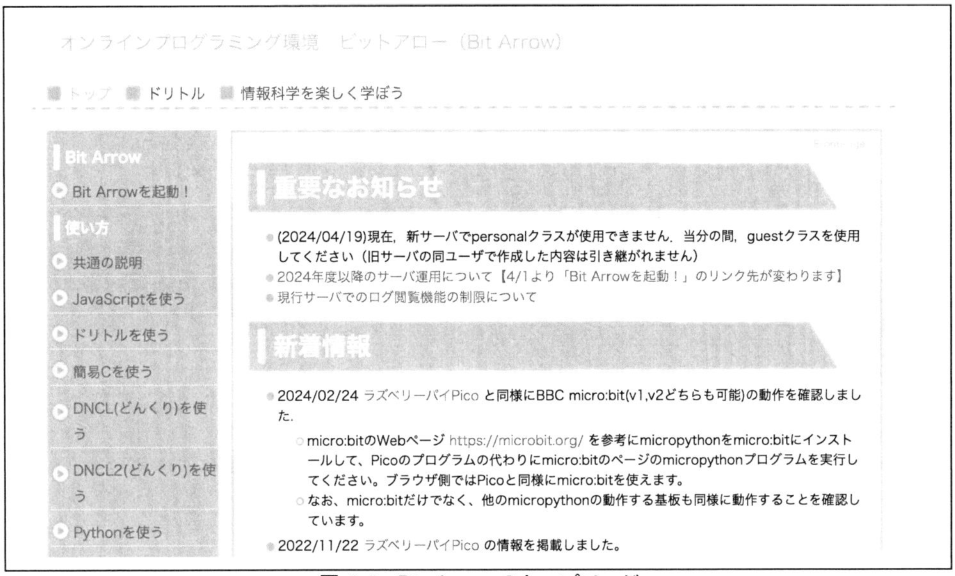

図 2.6　Bit Arrow のトップページ

表示された画面から「Bit Arrow を起動！」ボタンを押すことで、Bit Arrow の画面を表示できる。

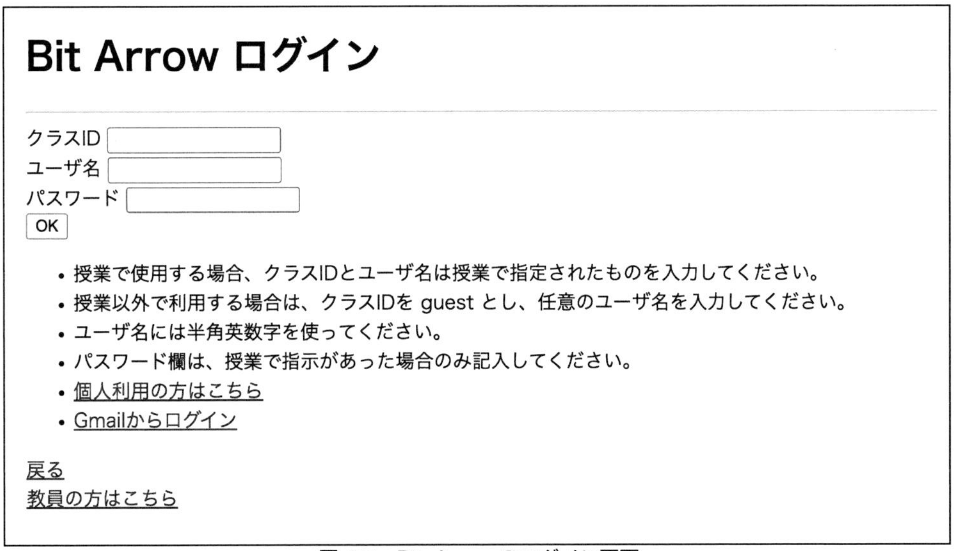

図 2.7　Bit Arrow のログイン画面

教員から指定された「クラス ID」「ユーザ名」「パスワード」を入力してログインすると、次の画面が表示される。

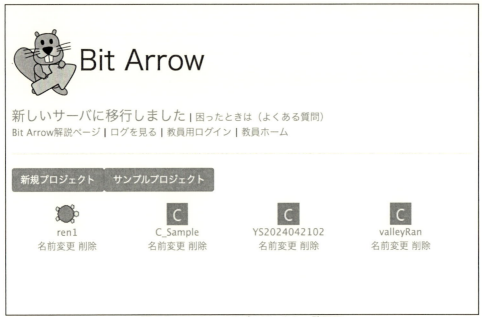

図 2.8　Bit Arrow のプロジェクト一覧画面

　Bit Arrow は複数のプログラミング言語を切り替えて使用できる。どんくりのプログラムを使う場合には、「新規プロジェクト」ボタンを押し、プログラミング言語から「DNCL2(どんくり)」を選択することで、プロジェクトを作成する。

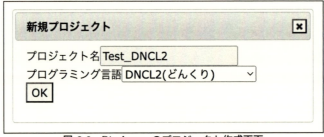

図 2.9　Bit Arrow のプロジェクト作成画面

　プロジェクトを作成すると、次のようにエディタ画面に移行する。ファイルを作成し、プログラムを書いて実行ボタンを押すことで、プログラムを実行して結果を表示できる。

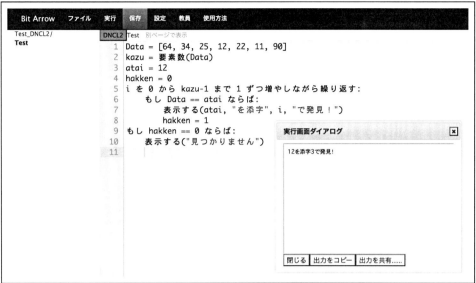

図 2.10　Bit Arrow でのプログラムの入力と実行

教員登録

Bit Arrow を授業で利用する際には、あらかじめ教員がユーザ登録をする必要がある。教員登録は、Bit Arrow のサイトで左側のメニューから「授業利用に向けた準備」のページで行える。

教員登録すると、授業ごとにクラスを作成し、生徒を登録することで、ファイルの配布や生徒の進捗状況の確認など、授業を支援する様々な機能を活用することができるようになる。

2.4 どんくりのプログラミング

どんくりでは、共通テスト用プログラム表記を用いたプログラミングの学習を支援するために、独自の拡張機能や関数を用意している。

2.4.1 インデントの表記

共通テスト用プログラム表記では、分岐や反復などのインデントを「│」や「└」などの罫線で表す。このような罫線は、プログラムを読むときには便利だが、プログラムを書くときは罫線の入力が手間になることから、どんくりではインデントを Python などのプログラミング言語と同様に、スペース（空白文字）で示すようにしている。

次の例は、共通テスト用プログラム表記で 5 回繰り返し「こんにちは」と出力するプログラムである。

```
i を 0 から 4 まで 1 ずつ増やしながら繰り返す：
└ 表示する ("こんにちは")
```

このプログラムは、どんくりでは次のように記述する。

```
i を 0 から 4 まで 1 ずつ増やしながら繰り返す：
    表示する ("こんにちは")
```

次の例は、共通テスト用プログラム表記で九九を表示するプログラムである。

```
dan を 1 から 9 まで 1 ずつ増やしながら繰り返す：
│ x を 1 から 9 まで 1ずつ増やしながら繰り返す：
│ └ 改行なしで表示する ( dan * x, " ")
└ 表示する ("")
```

このプログラムは、どんくりでは次のように記述する。

```
dan を 1 から 9 まで 1 ずつ増やしながら繰り返す：
    x を 1 から 9 まで 1ずつ増やしながら繰り返す：
        改行なしで表示する ( dan * x, " ")
    表示する ("")
```

2.4.2 二次元配列の定義

次のプログラムでは、配列を定義して、その最初の要素を表示している。実行すると「2」が表示される。

```
Sosu = [2, 3, 5, 7, 11]

表示する(Sosu[0])
```

どんくりでは、二次元配列についても、定義と参照のための構文を用意した。次のプログラムでは、3 行 3 列の二次元配列を定義して、「Data[1, 0]」の要素の値を表示している。行と列の添字は 0 番から始まるため、「Data[1, 0]」は「上から 2 行目、左から 1 列目」の意味になり、画面には 21 が表示される。

```
Data = [
11, 12, 13
21, 22, 23
31, 32, 33
]

表示する(Data[1, 0])
```

二次元配列を定義するときは、要素の値の間を「,」で区切って記述する。行の右端には「,」を書かない。

2.4.3 数値と文字列のデータ型

プログラムの中で使われるデータとしては、主に「数値」と「文字列」が使われる。プログラミング言語によっては、数値と文字列を混在して扱うことは許されていないが、どんくりではプログラミングを学びやすくするために、数値と文字列について、配列での混在と連結の演算を可能にしている。

配列については、どんくりでは数値と文字列のデータを混在して使うことができる。次のプログラムでは、ひとつの配列の中に数値と文字列のデータを格納している。

```
Data = ["私の好きな番号は", 7, "です"]
```

連結の演算については、どんくりでは「+」の演算子を使い、文字列同士だけでなく、数値と文字列も連結することができる。次のプログラムでは、数値と文字列を連結した「私は 8 も好きです」という文字列を作り、変数に代入している。

```
x = "私は" + 8 + "も好きです"
```

2.4.4 関数の定義

共通テスト用プログラム表記では関数を定義する文法は示されていないが、プログラミングの学習を支援するために、どんくりでは関数定義を記述できるようにした。

次のプログラムでは、関数「挨拶」を定義している。

「挨拶()」の形で呼び出すと、「表示する("こんにちは")」が実行されて「こんにちは」が画面に表示される。

```
挨拶()：
    表示する("こんにちは")
```

関数は、引数を受け取り、計算した結果を返すことができる。次のプログラムでは、関数「半分」を定義している。「半分(10)」の形で呼び出すことにより、変数 x に 10 が代入され、関数の中で「x / 2」を計算して、「を返す」により結果の値を返している。

```
半分（x）：
    x / 2 を返す

y = 半分(10)
表示する(y)
```

2.5 関数を利用しよう

どんくりでは、プログラミングの学習を支援するために、独自の関数を用意している。プログラムの中で便利に活用してみよう。

表示関数

関数名	説明
表示する (s)	引数 s を画面に出力し改行する
改行なしで表示する (s)	引数 s を画面に出力する

数学関数

関数名	説明
整数 (n)	引数 n の小数点以下を切り捨てた整数値を返す
絶対値 (n)	引数 n の絶対値を返す
sin(n)	引数 n のサインの値を返す（n はラジアン）
cos(n)	引数 n のコサインの値を返す（n はラジアン）
tan(n)	引数 n のタンジェントの値を返す（n はラジアン）
asin(n)	引数 n のアークサインの値を返す（戻り値はラジアン）
acos(n)	引数 n のアークコサインの値を返す（戻り値はラジアン）
atan(n)	引数 n のアークタンジェントの値を返す（戻り値はラジアン）
atan2(y, x)	原点から座標 (x, y) 方向の角度を返す（戻り値はラジアン）
sqrt(n)	引数 n の平方根の値を返す
log(n)	引数 n の自然対数を返す
log10(n)	引数 n の 10 を底とした対数を返す
log2(n)	引数 n の 2 を底とした対数を返す
乱数 ()	0 以上、1 未満のランダムな実数を返す
乱数 (n)	0 以上、引数 n 値以下のランダムな整数を返す
乱数 (n1, n2)	引数 n1 以上、引数 n2 以下のランダムな整数を返す
ラジアン (n)	引数 n の角度に対応するラジアン値を返す
角度 (n)	引数 n のラジアン値に対応する角度を返す

文字列操作関数

関数名	説明
分割 (s1, s2)	引数 s1 の文字列を、引数 s2 の文字列で分割した配列を返す
含む (s1, s2)	引数 s1 の文字列の中に、引数 s2 の文字列が含まれる数を返す

配列操作関数

関数名	説明
要素数 (a)	配列 a の要素数を返す
行数 (a)	二次元配列 a の行数を返す
列数 (a)	二次元配列 a の列数を返す
入れ替える (a, n1, n2)	配列 a に対して、引数 n1、引数 n2 で指定した位置の値を入れ替える
昇順ソート (a)	配列 a を昇順に整列した新たな配列を返す
降順ソート (a)	配列 a を降順に整列した新たな配列を返す
最初に追加 (a, n)	配列 a の最初に、引数 n の値を追加する
最後に追加 (a, n)	配列 a の最後に、引数 n の値を追加する
最初から取り出す (a)	配列 a の最初の要素を返し、その要素を配列から削除する
最後から取り出す (a)	配列 a の最後の要素を返し、その要素を配列から削除する
空にする (a)	配列 a の全ての要素を削除する

第3章

いろいろなプログラムを体験しよう

3.1 インデントを使いこなそう

　条件分岐や繰り返しでは、条件が成り立ったときに実行する範囲や、繰り返す範囲をインデントで指定していた。インデントは「字下げ」と呼ばれるが、罫線（｜と └ ）で表現されることもある。インデントが 2 行以上続く場合には、間の行は「｜」でインデントが表現され、インデントの最終行は「└」で表現される。

　次のプログラムでは、「i を 0 から 2 まで 1 ずつ増やしながら繰り返す:」の繰り返しは、続く罫線（｜と └ ）の 3 行を繰り返して実行する。実行すると、繰り返しの 1 回ごとに「a b c」が表示され、それを 3 回繰り返すことで「a b c a b c a b c」が表示される。

```
i を 0 から 2 まで 1 ずつ増やしながら繰り返す:
｜　　改行なしで表示する ("a")
｜　　改行なしで表示する ("b")
└　　改行なしで表示する ("c")
```

（実行結果）
a b c a b c a b c

　次の図に、このプログラムの処理の流れを示す。

図 3.1　インデントによる繰り返し処理の実行範囲

次のプログラムでは、インデントされた「改行なしで表示する」とインデントされていない「改行なしで表示する」が存在する。実行したときの結果を予想してから、実際の実行結果と比較してみよう。

```
iを0から2まで1ずつ増やしながら繰り返す：
｜    改行なしで表示する("a")
└    改行なしで表示する("b")
改行なしで表示する("c")
```

（実行結果）
ａｂａｂａｂｃ

このプログラムでは、インデントされている「改行なしで表示する("a")」と「改行なしで表示する("b")」が3回繰り返して実行され、画面に「ａｂａｂａｂ」が表示される。繰り返しの実行が終わると、インデントされていない「改行なしで表示する("c")」が1回だけ実行され、結果として画面には「ａｂａｂａｂｃ」が表示されることになる。

次の図に、このプログラムの処理の流れを示す。

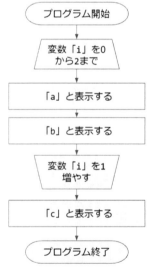

図 3.2　インデントによる繰り返し処理の実行範囲

次のプログラムも、インデントされた「改行なしで表示する」とインデントされていない「改行なしで表示する」が存在する。実行したときの結果を予想してから、実際の実行結果と比較してみよう。

```
i を 0 から 2 まで 1 ずつ増やしながら繰り返す:
└  改行なしで表示する("a")
改行なしで表示する("b")
改行なしで表示する("c")
```

（実行結果）
a a a b c

　このプログラムでは、インデントされている「改行なしで表示する("a")」が3回繰り返して実行され、画面に「a a a」が表示される。繰り返しの実行が終わると、インデントされていない「改行なしで表示する("b")」と「改行なしで表示する("c")」が1回だけ実行され、結果として画面には「a a a b c」が表示されることになる。

　次のプログラムでは、繰り返しのインデントの中に条件分岐のインデントが存在する。プログラムを実行すると、i が0から5までの6回の繰り返しが実行されるが、内側の条件分岐では「i % 2 == 0」で i が 0, 2, 4 の偶数になる3回だけ、3個の「改行なしで表示する」を実行するため、結果として「a b c a b c a b c」が表示される。

```
i を 0 から 5 まで 1 ずつ増やしながら繰り返す:
│  もし i % 2 == 0 ならば:
│  │  改行なしで表示する("a")
│  │  改行なしで表示する("b")
└  └  改行なしで表示する("c")
```

（実行結果）
a b c a b c a b c

次の図に、このプログラムの処理の流れを示す。

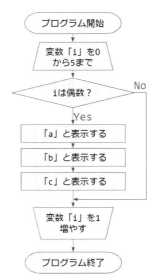

図 3.3　インデントによる繰り返しと条件分岐の実行範囲

　この例のように、制御文の中に制御文が入っている構造を「ネスト構造（入れ子構造）」と言う。次のプログラムでは、繰り返しと条件分岐の中に、インデントされた「改行なしで表示する」とインデントされていない「改行なしで表示する」が存在する。実行したときの結果を予想してから、実際の実行結果と比較してみよう。

```
i を 0 から 5 まで 1 ずつ増やしながら繰り返す：
│　もし i % 2 == 0 ならば：
│　│　改行なしで表示する("a")
│　└　改行なしで表示する("b")
└　改行なしで表示する("c")
```

（実行結果）
a b c c a b c c a b c c

　このプログラムを実行すると、i が 0 から 5 までの 6 回の繰り返しが実行されるが、最初の i が 0 の繰り返しでは、i は偶数であり内側の条件分岐で「i % 2 == 0」が成り立つため「改行なしで表示する("a")」と「改行なしで表示する("b")」が実行され、続いてインデントされていない「改行なしで表示する("c")」が実行されるため、画面には「a b c」が表示される。次の i が 1 の繰り返しでは、i は偶数ではないため条件分岐の条件は成り立たず、インデントされていない「改行なしで表示する("c")」だけが実行されるため、画面には「a b c c」が表示される。
　これらの処理を、i が 2 の繰り返し、i が 3 の繰り返し、i が 4 の繰り返し、i が 5 の繰り返し

まで続けるため、画面には「ａｂｃｃａｂｃｃａｂｃｃ」が表示されることになる。

次の図に、このプログラムの処理の流れを示す。

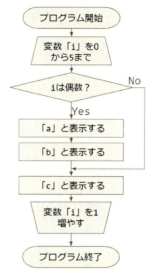

図 3.4 インデントによる繰り返しと条件分岐の実行範囲

次のプログラムでは、繰り返しと条件分岐の中に、インデントされた「改行なしで表示する」とインデントされていない「改行なしで表示する」が存在する。実行したときの結果を予想してから、実際の実行結果と比較してみよう。

```
i を 0 から 5 まで 1 ずつ増やしながら繰り返す：
│  もし i % 2 == 0 ならば：
│  └ 改行なしで表示する ("a")
│  改行なしで表示する ("b")
└ 改行なしで表示する ("c")
```

（実行結果）

ａｂｃｂａｂｃｂｃａｂｃｂｃ

このプログラムを実行すると、iが0から5までの6回の繰り返しが実行されるが、「改行なしで表示する("a")」はiが偶数のときだけ実行され、「改行なしで表示する("b")」と「改行なしで表示する("c")」は繰り返しのたびに必ず実行されるため、画面には「ａｂｃｂａｂｃｂｃａｂｃｂｃ」が表示される。

次のプログラムでは、繰り返しと条件分岐の中に、インデントされた「改行なしで表示する」

とインデントされていない「改行なしで表示する」が存在する。また、繰り返しの外にもインデントされていない「改行なしで表示する」が存在する。実行したときの結果を予想してから、実際の実行結果と比較してみよう。

```
i を 0 から 5 まで 1 ずつ増やしながら繰り返す:
| もし i % 2 == 0 ならば:
| └ 改行なしで表示する("a")
└ 改行なしで表示する("b")
改行なしで表示する("c")
```

（実行結果）
a b b a b b a b b c

　このプログラムを実行すると、i が 0 から 5 までの 6 回の繰り返しが実行されるが、「改行なしで表示する("a")」は i が偶数のときだけ実行され、「改行なしで表示する("b")」は繰り返しのたびに必ず実行される。また、「改行なしで表示する("c")」は繰り返しが終了した後に 1 回だけ実行されるため、画面には「a b b a b b a b b c」が表示される。
　これまで見たように、同じ内容が書かれたプログラムであっても、インデントによって実行結果が大きく変わるため、プログラムを書いたり読んだりするときは、インデントに注意してプログラムを理解することが重要である。

3.2 FizzBuzz ゲーム

　FizzBuzz ゲームは、古くからある数字遊びである。基本的には数字を「1, 2, 3, ...」のように読み上げていくが、特定の数で割り切れる場合は数の代わりに「Fizz」「Buzz」「FizzBuzz」と言う必要がある。人数は、ひとりで読み上げるほかに、数人で交互に読み上げる場合もある。
　FizzBuzz のルールは次の通りである。

- 数字を 1 から順に読み上げる
- 数字が 3 で割り切れる場合は、数字の代わりに「Fizz」と言う
- 数字が 5 で割り切れる場合は、数字の代わりに「Buzz」と言う
- 数字が 3 でも 5 でも割り切れる場合は、数字の代わりに「FizzBuzz」と言う

　このルールで数を読み上げると「1, 2, Fizz, 4, Buzz, Fizz, 7, 8, Fizz, Buzz, 11, Fizz, 13, 14, FizzBuzz, 16, 17, Fizz, 19, Buzz, ...」となる。
　FizzBuzz を読み上げるプログラムを作ってみよう。最初に、数字を 1 から順に読み上げるプログラムを作ってみる。このプログラムを実行すると、「1, 2, 3, ..., 99, 100」が表示される。実行して動作を確認しよう。

```
i を 1 から 100 まで 1 ずつ増やしながら繰り返す：
└　表示する (i)
```

```
(実行結果)
1
2
3
(省略)
99
100
```

　次に、「3 で割り切れる場合は Fizz、そうでない場合は数字」を表示するように改良しよう。このプログラムを実行すると、「1, 2, Fizz, 4, 5, Fizz, ...」のように表示される。実行して動作を確認しよう。

```
i を 1 から 100 まで 1 ずつ増やしながら繰り返す：
│　もし i % 3 == 0 ならば：
│　│　表示する ("Fizz")
│　そうでなければ：
└　└　表示する (i)
```

（実行結果）
1
2
Fizz
4
5
Fizz
（省略）

次に、「3で割り切れる場合はFizz、5で割り切れる場合はBuzz、そうでない場合は数字」を表示するように改良しよう。このプログラムを実行すると、「1, 2, Fizz, 4, Buzz, Fizz, ...」のように表示される。実行して動作を確認しよう。

```
iを1から100まで1ずつ増やしながら繰り返す：
|   もし i % 3 == 0 ならば：
|   |   表示する("Fizz")
|   そうでなくもし i % 5 == 0 ならば：
|   |   表示する("Buzz")
|   そうでなければ：
└   └   表示する(i)
```

（実行結果）
1
2
Fizz
4
Buzz
Fizz
7
（省略）
13
14
Fizz
（省略）

これで「3で割り切れるときはFizz、5で割り切れるときはBuzz」を表示できるようになったが、よく見ると「3と5で割り切れるときもFizz」になってしまっている。これは、最初に3

で割り切れるかどうかを調べているだけで、3と5で割り切れるかどうかを調べていないことが原因である。

そこで最初に、3と5で割り切れるかどうかを調べることで、「3と5で割り切れる場合はFizzBuzz、3で割り切れる場合はFizz、5で割り切れる場合はBuzz、そうでない場合は数字」を表示するように改良しよう。このプログラムを実行すると、「1, 2, Fizz, 4, Buzz, ..., 14, FizzBuzz, ...」のように正しく表示される。実行して動作を確認しよう。

図 3.5　FizzBuzz のプログラム処理

```
i を 1 から 100 まで 1 ずつ増やしながら繰り返す：
 |  もし i % 3 == 0 and i % 5 == 0 ならば：
 |  |  表示する("FizzBuzz")
 |  そうでなくもし i % 3 == 0 ならば：
 |  |  表示する("Fizz")
 |  そうでなくもし i % 5 == 0 ならば：
 |  |  表示する("Buzz")
 |  そうでなければ：
 └  └  表示する(i)
```

（実行結果）
1
2
Fizz
4
Buzz
（省略）
13
14
FizzBuzz
（省略）

これでプログラムは完成したが、「3 と 5 で割り切れる」は「15 で割り切れる」と考えることもできるため、次のようなプログラムを作ることもできる。

```
i を 1 から 100 まで 1 ずつ増やしながら繰り返す：
|    もし i % 15 == 0 ならば：
|    |    表示する("FizzBuzz")
|    そうでなくもし i % 3 == 0 ならば：
|    |    表示する("Fizz")
|    そうでなくもし i % 5 == 0 ならば：
|    |    表示する("Buzz")
|    そうでなければ：
└    └    表示する(i)
```

3.3 代表値

数値データから、合計、平均、最小値、最大値などの代表値を計算してみよう。

次のプログラムでは、繰り返しを使い、配列「Data」の要素をひとつずつ変数「goukei」に加えることで、合計値を計算する。1行目で作成した配列「Data」の要素数は9個のため、2行目で変数「kazu」には9が代入される。4行目では合計を求める変数「goukei」を0で初期化している。5行目では配列の添字が0から始まることに合わせて、変数「i」を0から「kazu-1」まで変化させながらkazu回の繰り返しを行っている。8行目では添字「i」の要素の値を変数「goukei」に加えている。

```
Data = [3, 7, 6, 9, 8, 4, 2, 1, 5]
kazu = 要素数(Data)

goukei = 0
i を 0 から kazu-1 まで 1 ずつ増やしながら繰り返す：
└ goukei = goukei + Data[i]

表示する(goukei)
```

(実行結果)
45

次のプログラムでは、合計値を求めるプログラムを改良して、平均値を求めるプログラムを作っている。1行目から6行目までは合計値のプログラムと同じだが、8行目で合計値を要素数で割ることで平均値を求めている。

```
Data = [3, 7, 6, 9, 8, 4, 2, 1, 5]
kazu = 要素数(Data)

goukei = 0
i を 0 から kazu-1 まで 1 ずつ増やしながら繰り返す：
└ goukei = goukei + Data[i]

heikin = goukei / kazu
表示する(heikin)
```

（実行結果）
5

　次のプログラムでは、配列の要素の最大値を求めている。最大値を求めるときは、それまでの最大値を記録しながら、「次の要素はこれまでの最大値より大きいか？」を順に確認していく必要がある。4 行目では、それまでの最大値を記録する変数「saidai」の初期値に 0 を代入している。5 行目では、繰り返しを使い、配列の要素を順に調べる。6 行目と 7 行目では、要素の値がそれまでの最大値「saidai」より大きい場合には、要素の値を変数「saidai」に代入する。この処理をすべての要素に対して行うことで、最大値を求めることができる。

```
Data = [3, 7, 6, 9, 8, 4, 2, 1, 5]
kazu = 要素数(Data)

saidai = 0
i を 0 から kazu-1 まで 1 ずつ増やしながら繰り返す：
｜　もし saidai < Data[i] ならば：
└　└　saidai = Data[i]

表示する(saidai)
```

（実行結果）
9

　このプログラムは、例のように正の数に対しては正しく動作した。ただし、たとえばすべての要素が負の値の場合には、「saidai」の初期値を 0 にしているために、すべての値が「saidai」より小さくなってしまい、最大値を正しく求めることができない。
　そのための工夫としては、変数「saidai」の初期値に配列の最初の要素を代入しておくことが考えられる。次のプログラムでは、変数「saidai」の初期値に「Data[0]」を代入することで、要素に負の値が含まれる場合でも正しく動作するようにした。

```
Data = [3, 7, 6, 9, 8, 4, 2, 1, 5]
kazu = 要素数(Data)

saidai = Data[0]
i を 0 から kazu-1 まで 1 ずつ増やしながら繰り返す：
│  もし saidai < Data[i] ならば：
└  └ saidai = Data[i]

表示する(saidai)
```

　最大値と同様の考え方で、最小値を求めるプログラムを考えてみよう。今度は、「現時点での最小値」の値を更新していくことで求めることができる。最小値を求めるには、「現時点での最小値より、配列の「i」番目の方が小さいか？」をチェックすればよい。不等号の向きを入れ替えた以下のプログラムによって、最小値を求めることができる。

```
Data = [3, 7, 6, 9, 8, 4, 2, 1, 5]
kazu = 要素数(Data)

saisyo = Data[0]
i を 0 から kazu-1 まで 1 ずつ増やしながら繰り返す：
│  もし saisyo > Data[i] ならば：
└  └ saisyo = Data[i]

表示する(saisyo)
```

（実行結果）
1

　次のプログラムでは、ソート済み配列の中央値を求めている。このプログラムは要素数 9 の配列を作成している。中央値の場所を求めるために、要素数を 2 で割っている。割り算の記号が「÷」であるため、計算結果は 4 となる。そのため、配列の 4 番目の値である 5 が表示される。

```
Data = [1, 2, 3, 4, 5, 6, 7, 8, 9]
kazu = 要素数(Data)

tyuo = kazu ÷ 2

表示する(Data[tyuo])
```

(実行結果)
5

今のプログラムでは、配列の要素数が偶数のときに正しく中央値を求めることができない。次のプログラムは、条件分岐を使って配列の要素数に応じて中央値を求める処理を使い分けている。配列の要素数が偶数のときは、中央に来る要素が2つあるため、その平均を取る。

```
Data = [1, 2, 3, 4, 5, 6, 7, 8]
kazu = 要素数(Data)

もし kazu % 2 == 1 ならば:
│   tyuo = kazu ÷ 2
│   tyuoti = Data[tyuo]
そうでなければ:
│   tyuo = kazu ÷ 2
└   tyuoti = (Data[tyuo - 1] + Data[tyuo]) / 2

表示する(tyuoti)
```

(実行結果)
4.5

3.4　二次元配列の代表値

二次元配列の代表値を求めてみよう。

次のプログラムでは、変数「Data」に二次元配列のデータを代入し、各行の1列目の要素を表示する。変数 y は、0 から始まる行番号を表している。

```
Data = [
10, 2, 4
8, 3, 4
2, 9, 10
4, 1, 9
]

kazu_gyo = 行数(Data)

y を 0 から kazu_gyo-1 まで 1 ずつ増やしながら繰り返す：
└   表示する(Data[y, 0])
```

（実行結果）
10
8
2
4

次のプログラムでは、各行について、1番目の要素と2番目の要素と3番目の要素を順に表示している。

```
Data = [
10, 2, 4
8, 3, 4
2, 9, 10
4, 1, 9
]

kazu_gyo = 行数(Data)

y を 0 から kazu_gyo-1 まで 1 ずつ増やしながら繰り返す：
 |   改行なしで表示する(Data[y, 0], " ")
 |   改行なしで表示する(Data[y, 1], " ")
 └   表示する(Data[y, 2])
```

（実行結果）
10 2 4
8 3 4
2 9 10
4 1 9

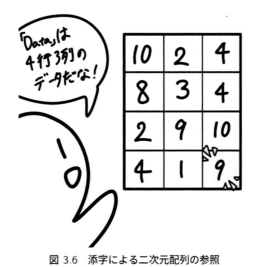

図 3.6　添字による二次元配列の参照

次のプログラムでは、各行の列を繰り返し処理で表示している。行の表示が終わると、改行を表示して次の行に移る。

```
Data = [
10, 2, 4
8, 3, 4
2, 9, 10
4, 1, 9
]

kazu_gyo = 行数 (Data)
kazu_retu = 列数 (Data)

y を 0 から kazu_gyo-1 まで 1 ずつ増やしながら繰り返す:
│  x を 0 から kazu_retu-1 まで 1 ずつ増やしながら繰り返す:
│  └  改行なしで表示する (Data[y, x], " ")
└  表示する ("")
```

（実行結果）
10 2 4
8 3 4
2 9 10
4 1 9

　合計値を計算する処理を追加して、行ごとの合計値と平均値を求めてみよう。次のプログラムでは、行ごとに合計値を計算するために、1行分の計算を行う内側の繰り返し処理の直前で変数「goukei」を0で初期化している。

　このプログラムを実行すると、まず0行目の要素の合計と平均値が計算されて表示される。続けて1行目、2行目も同様の処理が行われ、各行ごとの値が計算できる。もし、変数「goukei」の初期化を外側の繰り返し処理より上に書いた場合、1行の計算が終わっても合計値が0に戻らず、しかし平均値の計算のとき3で割るため、結果がおかしくなってしまう。そのため、繰り返し処理の意味や範囲、変数の初期化タイミングなどをよく考えて実装する必要がある。

```
Data = [
10, 2, 4
8, 3, 4
2, 9, 10
4, 1, 9
]

kazu_gyo = 行数(Data)
kazu_retu = 列数(Data)

y を 0 から kazu_gyo-1 まで 1 ずつ増やしながら繰り返す:
│  goukei = 0
│  x を 0 から kazu_retu-1 まで 1 ずつ増やしながら繰り返す:
│  └  goukei = goukei + Data[y, x]
│  表示する(y,"行目の合計：",goukei)
└  表示する(y,"行目の平均：",goukei / kazu_retu)
```

（実行結果）
0 行目の合計：16
0 行目の平均：5.333333
1 行目の合計：15
1 行目の平均：5
2 行目の合計：21
2 行目の平均：7
3 行目の合計：14
3 行目の平均：4.666667

今度は、縦方向の計算を行うことで、列ごとに合計値と平均値を求めてみよう。列ごとに計算するためには、外側に列、内側に行の順で繰り返し処理を記述する必要がある。

```
Data = [
10, 2, 4
8, 3, 4
2, 9,10
4, 1, 9
]

kazu_gyo = 行数(Data)
kazu_retu = 列数(Data)

x を 0 から kazu_retu-1 まで 1 ずつ増やしながら繰り返す:
│   goukei = 0
│   y を 0 から kazu_gyo-1 まで 1 ずつ増やしながら繰り返す:
│   └   goukei = goukei + Data[y, x]
│   表示する(x,"列目の合計：",goukei)
└   表示する(x,"列目の平均：",goukei / kazu_gyo)
```

（実行結果）
0 列目の合計： 24
0 列目の平均： 6
1 列目の合計： 15
1 列目の平均： 3.75
2 列目の合計： 27
2 列目の平均： 6.75

3.5 数列とプログラミング

数学で学んだ数列は、繰り返しと配列を使うとプログラムで表現できる。

次のプログラムでは、「1から始まり、3ずつ増えていく数列（初項1、公差3の等差数列）」を第10項まで表示している。変数「n」は表示する個数を、変数「x」は数列の初期値（初項）を、変数「y」は数列の増分（公差）を指定する。繰り返しの実行では、xの値を表示した後で、xの値にyを加えている。

```
n = 10
x = 1
y = 3

iを0からn-1まで1ずつ増やしながら繰り返す：
│   表示する(x)
└   x = x + y
```

（実行結果）
1
4
7
10
13
16
19
22
25
28

等差数列と同様の考え方で、初項 1、公比 3 の等比数列を第 10 項まで生成するプログラムを作成しよう。等比数列では、数列の値に等しい値を掛けていく。

```
n = 10
x = 1
y = 3

i を 0 から n-1 まで 1 ずつ増やしながら繰り返す：
│   表示する(x)
└   x = x * y
```

（実行結果）
1
3
9
27
81
243
729
2187
6561
19683

3.6 線形探索

探索アルゴリズムを使うと、配列の中から特定のデータを探すことができる。探索アルゴリズムはいくつかの種類が存在する。配列の要素をひとつずつ確認しながら探していく線形探索アルゴリズムを使ってみよう。

図 3.7　配列の要素をひとつずつ確認しながら探す線形探索

次のプログラムでは、配列の要素を表示する。配列「Data」に 7 個のデータを入れている。変数「kazu」に配列の要素数を入れている。変数「atai」は探す値である。続く繰り返し処理で、配列の要素を順に表示している。

```
Data = [64, 34, 25, 12, 22, 11, 90]
kazu = 要素数(Data)
atai = 12
i を 0 から kazu-1 まで 1 ずつ増やしながら繰り返す:
└  表示する(Data[i])
```

（実行結果）
64
34
25
12
22
11
90

次のプログラムでは、探している値と同じデータだけを選んで表示する。繰り返しの中で「Data[i]」と「atai」を「==」で比較することで、要素の値と探している値が同じことを判断している。

```
Data = [64, 34, 25, 12, 22, 11, 90]
kazu = 要素数(Data)
atai = 12
i を 0 から kazu-1 まで 1 ずつ増やしながら繰り返す:
│   もし Data[i] == atai ならば:
└   └   表示する(Data[i])
```

（実行結果）
12

次のプログラムでは、発見した要素の番号を表示する。データが見つかったときに、配列の添字「i」を画面に表示している。

```
Data = [64, 34, 25, 12, 22, 11, 90]
kazu = 要素数(Data)
atai = 12
i を 0 から kazu-1 まで 1 ずつ増やしながら繰り返す:
│   もし Data[i] == atai ならば:
└   └   表示する(Data[i], "を添字", i, "で発見！")
```

（実行結果）
12 を添字 3 で発見！

次のプログラムでは、探している値が見つからなかったときに「見つかりません」を表示する。変数「hakken」は、発見したかどうかを管理する。初期値は0で、発見した場合は値を1に変更する。すべての要素を調べた後で、変数「hakken」の値が0であれば、値を発見できなかったことがわかる。

```
Data = [64, 34, 25, 12, 22, 11, 90]
kazu = 要素数(Data)
atai = 13
hakken = 0
i を 0 から kazu-1 まで 1 ずつ増やしながら繰り返す:
|   もし Data == atai ならば:
|   |   表示する(Data[i], "を添字", i, "で発見！")
└   └   hakken = 1
もし hakken == 0 ならば:
└   表示する("見つかりません")
```

（実行結果）
見つかりません

3.7 二分探索

探索アルゴリズムを使うと、配列の中から特定のデータを探すことができる。データを半分ずつの範囲に分けながら探していく二分探索アルゴリズムを使ってみよう。

配列中のデータが値の大きさの順に並んでいる場合は、二分探索を使うことができる。二分探索では、データを半分ずつの範囲に分けながら目的のデータを探していく。二分探索を使うと、線形探索よりも高速に探索を行うことができる。

図 3.8　探す範囲を半分に絞る二分探索

次の図は、二分探索によるデータ探索の動きを表したものである。要素が 9 個の配列の中から、39 を探そう。まず最初の探索範囲はデータ全体であるため、左端は配列の 0 番目、右端は配列の 8 番目となり、その中央にある 4 番目のデータが 39 かどうか比べる。今回は 56 であり、39 よりも大きいため、ここより右側には 39 が存在しないことが分かる。そのため、次の探索範囲は、左端はそのままに、右端を 3 番目に移動させる。

次に、新たな探索範囲である 0 番～3 番を調べる。中央にあるのは 1 番であり、このデータが 39 かどうか調べる。今回は 21 であり、39 よりも小さいため、ここより左側には 39 が存在しないことが分かる。そのため、次の探索範囲は、左端が 2 番に移動し、右端はそのままとなる。

同様に、新たな探索範囲である 2 番～3 番を調べる。中央にあるのは 2 番であり、このデータが 39 かどうか調べる。今回は 39 であり、探している値を発見できた。目的の値が見つかったので、二分探索を終了する。

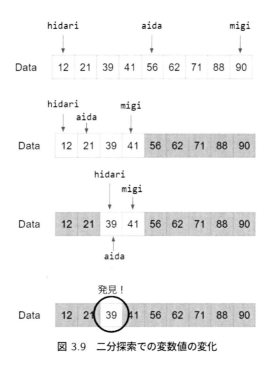

図 3.9 二分探索での変数値の変化

　次のプログラムでは、配列の中央にある値と最初の探索範囲を表示している。配列「Data」には 9 個のデータを入れている。最初の探索範囲の左端は配列の先頭なので「hidari = 0」、右端は配列の最後なので「migi = 要素数(Data) - 1」である。この範囲の中央にある値「aida」の番号は「(hidari + migi) ÷ 2」で求めることができる。最初は「hidari = 0」「migi = 8」なので、「aida = (8 - 0) ÷ 2」となり、「aida = 4」となる。

```
Data = [12, 21, 39, 41, 56, 62, 71, 88, 90]
atai = 39
hakken = 0
hidari = 0
migi = 要素数(Data) - 1
aida = (hidari + migi) ÷ 2

表示する("探索範囲:", hidari, "〜", migi)
表示する("中央:", Data[aida], ", 場所:", aida)
```

　次のプログラムでは、探している値と探索範囲の中央にある値「Data[aida]」が同じかどうかチェックする処理を追加している。変数「hakken」は、探している値を発見したかどうかを管理する。初期値は 0 で、発見した場合は値を 1 に変更する。

```
Data = [12, 21, 39, 41, 56, 62, 71, 88, 90]
atai = 39
hakken = 0
hidari = 0
migi = 要素数(Data) - 1
aida = (hidari + migi) ÷ 2

表示する("探索範囲:", hidari, "〜", migi)
表示する("中央:", Data[aida], "，場所:", aida)

# 以下を追加

もし Data[aida] == atai ならば:
 │  hakken = 1
 └  表示する(atai, "を添字", aida, "で発見！")
```

　次のプログラムでは、探索範囲の中央にある値が探している値でなかった場合、左右のどちらにあるか調べる処理を追加している。配列「Data」の要素は昇順にソートされているため、中央にある値より小さければ目標の値は左半分に存在している可能性が残り、右半分は中央にある値より大きいため可能性は0である。同様に、中央にある値より大きければ目標の値は右半分に存在している可能性が残る。

```
Data = [12, 21, 39, 41, 56, 62, 71, 88, 90]
atai = 39
hakken = 0
hidari = 0
migi = 要素数(Data) - 1
aida = (hidari + migi) ÷ 2

表示する("探索範囲:", hidari, "〜", migi)
表示する("中央:", Data[aida], ", 場所:", aida)

もし Data[aida] == atai ならば:
│  hakken = 1
└  表示する(atai, "を添字", aida, "で発見！")

# 以下を追加

もし Data[aida] < atai ならば:
│  hidari = aida + 1
└  表示する("右側:", hidari, "〜", migi)
もし Data[aida] > atai ならば:
│  migi = aida - 1
└  表示する("左側:", hidari, "〜", migi)
```

　次のプログラムは、「〜の間繰り返す」を使って最後まで探索し終わるまで処理するプログラムである。左右の探索範囲が入れ替わっていない間、あるいは変数「hakken」の値が 0 の間は処理を繰り返す。今の探索範囲の中央にある値と探している値が違う場合は「左側： 0 〜 3」などと表示される。探している値だった場合は変数「hakken」の値を 1 にしてから、「39 を添字 2 で発見！」などと表示される。

```
Data = [12, 21, 39, 41, 56, 62, 71, 88, 90]
atai = 39
hakken = 0
hidari = 0
migi = 要素数(Data) - 1

# 以下を修正

hidari <= migi and hakken == 0 の間繰り返す:
│   aida = (hidari + migi) ÷ 2
│   もし Data[aida] == atai ならば:
│   │   hakken = 1
│   └   表示する(atai, "を添字", aida, "で発見！")
│   もし Data[aida] < atai ならば:
│   │   hidari = aida + 1
│   └   表示する("右側:", hidari, "～", migi)
│   もし Data[aida] > atai ならば:
│   │   migi = aida - 1
└   └   表示する("左側:", hidari, "～", migi)
```

　次のプログラムは、探している値が見つからなかったときに「見つかりませんでした」と表示するプログラムである。探索が終了したとき、変数「hakken」が0のままなら見つからなかった状態であるため、「見つかりませんでした」と表示するプログラムを追加している。

```
Data = [12, 21, 39, 41, 56, 62, 71, 88, 90]
atai = 39
hakken = 0
hidari = 0
migi = 要素数(Data) - 1

hidari <= migi and hakken == 0 の間繰り返す:
│   aida = (hidari + migi) ÷ 2
│   もし Data[aida] == atai ならば:
│   │   hakken = 1
│   └   表示する(atai, "を添字", aida, "で発見！")
│   もし Data[aida] < atai ならば:
│   │   hidari = aida + 1
│   └   表示する("右側:", hidari, "〜", migi)
│   もし Data[aida] > atai ならば:
│   │   migi = aida - 1
└   └   表示する("左側:", hidari, "〜", migi)

# 以下を追加

もし hakken == 0 ならば:
└   表示する("見つかりませんでした")
```

　次のプログラムは、探している値が左右どちらにあるか調べる部分の「もし」を「そうでなくもし」「そうでなければ」に変えたプログラムである。探している値が見つかったときは、以降の比較は不要であるため、「そうでなくもし」「そうでなければ」に変えることで無駄な処理が発生しないようにしている。見つからなかったとしても、右側であることが分かったとき、左側であるか比較する処理は不要であるため、「そうでなければ」に変えることで処理されないようにしている。

```
Data = [12, 21, 39, 41, 56, 62, 71, 88, 90]
atai = 39
hakken = 0
hidari = 0
migi = 要素数(Data) - 1

# 「もし」の2箇所を「そうでなくもし」「そうでなければ」に修正

hidari <= migi and hakken == 0 の間繰り返す:
 |  aida = (hidari + migi) ÷ 2
 |  もし Data[aida] == atai ならば:
 |   |  hakken = 1
 |   |  表示する(atai, "を添字", aida, "で発見！")
 |  そうでなくもし Data[aida] < atai ならば:
 |   |  hidari = aida + 1
 |   |  表示する("右側:", hidari, "〜", migi)
 |  そうでなければ:
 |   |  migi = aida - 1
 └   └  表示する("左側:", hidari, "〜", migi)

もし hakken == 0 ならば:
 └  表示する("見つかりませんでした")
```

（実行結果）
左側: 0 〜 3
右側: 2 〜 3
39 を添字 2 で発見！

3.8 ハッシュ探索

非常に高速にデータを探すことができる「ハッシュ探索」のプログラムを作ろう。線形探索などのプログラムでは、探索に要する時間はデータ数が増えるにつれて検索に要する時間は増加する。しかし、このハッシュ探索は、「あらゆるデータに対して一意に定まる、ユニークな値を返すハッシュ関数を作る」「データ数よりも多くの作業領域を用意する」などの工夫が必要であるが、データ数が増えても探索に要する時間が増加しない特徴を持つ。

今回は、次の10個のデータを使用する。

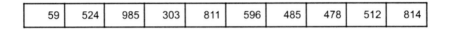

図 3.10　探索に使用するデータ

今回は、ハッシュ関数の計算方法を「値を各桁に分割して足し合わせて、20で割った余り」とする。0番目の値である59の場合、5+9の結果である14を20で割った余りの「14」をハッシュ値とする。2番目の値である985の場合、9+8+5の結果である22を20で割った余りの「2」がハッシュ値である。

これらのルールで、値を格納した配列を示す。

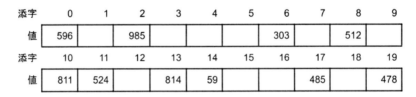

図 3.11　探索用のデータを格納したハッシュ探索用の配列

先に見せた表の値に対して、それぞれハッシュ値を計算して値を探してみよう。今回のケースでは、全ての値をすぐに見つけられる。

今回の方法で、プログラムを使ってハッシュ値を計算するためには、ハッシュ値を計算する値の百の位、十の位、一の位をそれぞれ求める必要がある。数値の一の位は10で剰余算を、百の位は割り算の整数部を求めることで計算できる。十の位は、10で割った整数部に対して、10で割った余りを計算することで求めることができる。一の位、百の位を求めたときの÷と％を組み合わせて、求めよう。985から、十の位である8を求めるプログラムは次のようになる。

```
atai = 985

zyu = atai ÷ 10 % 10
表示する (zyu)
```

（出力結果）
8

これらの処理を合わせることで、今回ハッシュ値の計算方法として示した「各桁を足し合わせた値」を計算することができる。ただし、今回は20個の長さの配列にデータを格納するため、求めたハッシュ値が20以上になった場合、配列の長さを超えてしまう。そのため、ハッシュ値が20以上にならないよう、20で剰余算をする必要がある。これらの処理を次のプログラムにまとめる。

```
atai = 985
hyaku = atai ÷ 100
zyu = atai ÷ 10 % 10
iti = atai % 10
hash = (hyaku + zyu + iti) % 20

表示する (hash)
```

（出力結果）
2

このハッシュ値の計算法を用いて、985 を配列「Data」から探すプログラムを次に示す。

```
Data = [596, 0, 985, 0, 0, 0, 303, 0, 503, 0, 811, 524, 0, 814,
    59, 0, 0, 485, 0, 0]

atai = 985
hyaku = atai ÷ 100
zyu = atai ÷ 10 % 10
iti = atai % 10
hash = (hyaku + zyu + iti) % 20

もし Data[hash] != 0 ならば：
｜　表示する (hash,"番目に発見しました")
そうでなければ：
└　表示する ("見つけられませんでした")
```

（出力結果）
2 番目に発見しました

　このプログラムでは、格納している値の中に同一のハッシュ値を持つデータが存在しなかった。しかし、データ数が増えてくると、同一のハッシュ値を持つデータができてしまう可能性がある。対応としては、同一のハッシュ値を持つ複数のデータを扱えるようにデータ構造を工夫したり、できるだけ同一の値にならないようにハッシュ値の計算方法を工夫する必要がある。また、領域の要素数に対して格納するデータ数の割合が増えると、ハッシュ値の重なりが生じる可能性が高くなる。そのため、格納するデータ数に対して領域の要素数を十分に大きくすることも有効である。このような点に注意すれば、ハッシュ探索は、高速に扱える、有用なアルゴリズムである。

3.9　数え上げソート

整列アルゴリズムを使うと、配列を値の順に並び替えることができる。整列はソートとも呼ばれる。整列アルゴリズムにはいくつかの種類が存在する。配列の要素を値ごとに数えていく、数え上げソートアルゴリズムを使ってみよう。

図 3.12　数え上げソートではデータを数える

次のプログラムでは、配列の要素を値ごとに数える。配列「Data」に、0から5までの8個のデータを入れている。配列「Syukei」に、0から5までの個数として6個の0を入れている。変数「kazu」に配列の要素数を入れている。続く繰り返し処理で、配列「Data」の要素を変数「n」に代入し、配列「Syukei」の添字「n」の要素に1を加えている。

```
Data = [2, 2, 1, 3, 1, 5, 0, 2]
Syukei = [0, 0, 0, 0, 0, 0]
kazu = 要素数(Data)

i を 0 から kazu-1 まで 1ずつ増やしながら繰り返す:
 │  n = Data[i]
 └  Syukei[n] = Syukei[n] + 1

表示する(Syukei)
```

（実行結果）
[1, 2, 3, 1, 0, 1]

以下のプログラムでは、集計結果を画面に表示する。配列「Syukei」の要素をひとつずつ画

面に表示している。

```
Data = [2, 2, 1, 3, 1, 5, 0, 2]
Syukei = [0, 0, 0, 0, 0, 0]
kazu = 要素数(Data)

i を 0 から kazu-1 まで 1 ずつ増やしながら繰り返す:
│  n = Data[i]
└  Syukei[n] = Syukei[n] + 1

# 以下を追加

i を 0 から 5 まで 1 ずつ増やしながら繰り返す:
└   表示する(i, "は", Syukei[i], "個ありました")
```

（実行結果）
0は1個ありました
1は2個ありました
2は3個ありました
3は1個ありました
4は0個ありました
5は1個ありました

　次のプログラムでは、配列「Syukei」の添字を、要素の数だけ繰り返して画面に表示している。添字0の要素は1なので画面に0が1個表示され、添字1の要素は2なので画面に1が2個表示され、添字2の要素は1なので画面に2が3個表示され、添字3の要素は1なので画面に3が1個表示され、添字4の要素は0なので画面に4が0個表示され、添字5の要素は1なので画面に5が1個表示される。
　実行すると、画面には「0 1 1 2 2 2 3 5」が表示される。値が小さい順にソートされていることがわかる。

```
Data = [2, 2, 1, 3, 1, 5, 0, 2]
Syukei = [0, 0, 0, 0, 0, 0]
kazu = 要素数(Data)

i を 0 から kazu-1 まで 1 ずつ増やしながら繰り返す:
 │  n = Data[i]
 └  Syukei[n] = Syukei[n] + 1

i を 0 から 5 まで 1 ずつ増やしながら繰り返す:
 │  j を 0 から Syukei[i]-1 まで 1 ずつ増やしながら繰り返す:
 └  └   改行なしで表示する(i, " ")
```

（実行結果）
0 1 1 2 2 2 3 5

3.10　数学関数を可視化しよう

プログラムを使って sin カーブや cos カーブを表示してみよう。

次のプログラムでは、sin 関数の 0 度から 90 度までの値を表示する。sin 関数では角度を「180 度を π で表す」ラジアンで渡す必要がある。そこで、関数「ラジアン」で角度「i」をラジアンに変換した角度「r」に変換して使っている。実行すると、sin の値として「-1」から「1」の範囲で数値が計算できていることが確認できる。

```
i を 0 から 90 まで 10 ずつ増やしながら繰り返す:
│    r = ラジアン(i)
│    x = sin(r)
└    表示する(x)
```

（実行結果）
0
0.173648
0.342020
0.5
0.642788
0.766044
0.866025
0.939693
0.984808
1

次のプログラムでは、sin 関数の値を使い、「*」（アスタリスク）の文字を使って sin カーブを描画している。

sin の値に応じて「*」（アスタリスク）を表示するときには改行なしで表示し、その後に改行するために空の文字列「""」を表示している。sin の値は本来は最大 1 だが、20 倍することで曲線を表示しやすくしている。例えば、45 度の sin 関数の値は約 0.7 であり、これを 20 倍すると 14 になるため、14 個の「*」（アスタリスク）で高さが表現される。

```
i を 0 から 720 まで 10 ずつ増やしながら繰り返す:
│    r = ラジアン(i)
│    x = 整数((sin(r)+1)*20)
│    j を 0 から x まで 1 ずつ増やしながら繰り返す:
│    └   改行なしで表示する("*")
└   表示する("")
```

(実行結果)
```
* * * * * * * * * * * * * * * * * * * *
* * * * * * * * * * * * * * * * * * * * * *
* * * * * * * * * * * * * * * * * * * * * * *
* * * * * * * * * * * * * * * * * * * * * * * *
* * * * * * * * * * * * * * * * * * * * * * * * *
* * * * * * * * * * * * * * * * * * * * * * * * * *
* * * * * * * * * * * * * * * * * * * * * * * * * * *
* * * * * * * * * * * * * * * * * * * * * * * * * * *
* * * * * * * * * * * * * * * * * * * * * * * * * * * *
* * * * * * * * * * * * * * * * * * * * * * * * * * *
* * * * * * * * * * * * * * * * * * * * * * * * * * *
* * * * * * * * * * * * * * * * * * * * * * * * * *
* * * * * * * * * * * * * * * * * * * * * * * * *
* * * * * * * * * * * * * * * * * * * * * * * *
* * * * * * * * * * * * * * * * * * * * * * *
* * * * * * * * * * * * * * * * * * * * * *
* * * * * * * * * * * * * * * * * * * *
* * * * * * * * * * * * * * * * * *
* * * * * * * * * * * * * * *
* * * * * * * * * *
* * * * * * * *
* * * * *
* * *
* *
*

*
* *
* * *
* * * * *
* * * * * * *
* * * * * * * * * *
* * * * * * * * * * * *
* * * * * * * * * * * * * * *
* * * * * * * * * * * * * * * * * * *
```
(省略)

同様の処理を cos 関数でも行うと、以下のプログラムになる。

```
i を 0 から 720 まで 10 ずつ増やしながら繰り返す:
│    r = ラジアン(i)
│    x = 整数((cos(r)+1)*20)
│    j を 0 から x まで 1 ずつ増やしながら繰り返す:
│    └   改行なしで表示する("*")
└   表示する("")
```

（実行結果）
```
* * * * * * * * * * * * * * * * * * * * * * * * * * * * * * * * * * * * *
* * * * * * * * * * * * * * * * * * * * * * * * * * * * * * * * * * * *
* * * * * * * * * * * * * * * * * * * * * * * * * * * * * * * * * * *
* * * * * * * * * * * * * * * * * * * * * * * * * * * * * * * * *
* * * * * * * * * * * * * * * * * * * * * * * * * * * * * * *
* * * * * * * * * * * * * * * * * * * * * * * * * * * * *
* * * * * * * * * * * * * * * * * * * * * * * * * *
* * * * * * * * * * * * * * * * * * * * * * *
* * * * * * * * * * * * * * * * * * * *
* * * * * * * * * * * * * * * *
* * * * * * * * * * * *
* * * * * * * *
* * * * *
* * *
* *
*

*
* *
* * *
* * * * *
* * * * * * * *
* * * * * * * * * * *
* * * * * * * * * * * * * *
* * * * * * * * * * * * * * * * *
* * * * * * * * * * * * * * * * * * * *
* * * * * * * * * * * * * * * * * * * * * * *
* * * * * * * * * * * * * * * * * * * * * * * * *
* * * * * * * * * * * * * * * * * * * * * * * * * * *
* * * * * * * * * * * * * * * * * * * * * * * * * * * * *
* * * * * * * * * * * * * * * * * * * * * * * * * * * * * *
* * * * * * * * * * * * * * * * * * * * * * * * * * * * * * *
* * * * * * * * * * * * * * * * * * * * * * * * * * * * * * * *
```
（省略）

3.11 乱数でおみくじを作ろう

乱数を使い、おみくじを引くプログラムを作ろう。

図 3.13　ランダムに引くおみくじ

次のプログラムでは、おみくじを1枚引いて画面に表示する。箱を表す配列「Hako」の中に、大吉から大凶までの6種類の運勢が入っている。変数「kazu」に配列の要素数「6」を入れている。変数「n」に「乱数(kazu-1)」で0から5までのランダムな数を入れている。変数「unsei」に配列「Hako」から添字「n」の要素を入れて、画面に表示している。

何度か実行して、運勢がランダムに表示されることを確認しよう。

```
Hako = ["大吉", "中吉", "小吉", "大凶", "中凶", "小凶"]
kazu = 要素数(Hako)
n = 乱数(kazu-1)
unsei = Hako[n]

表示する("運勢は", unsei)
```

（実行結果）
運勢は 吉

6種類の運勢は、「大吉」のように「大 中 小」と「吉 凶」の組み合わせになっていた。次のプログラムでは、大きさと吉凶を別々に選んで表示する。

配列「Hako1」に「大 中 小」を入れている。配列「Hako2」に「吉 凶」を入れている。変数「unsei1」と「unsei2」にランダムに選んだ大きさと吉凶を入れて、画面に表示している。

```
Hako1 = ["大", "中", "小"]
kazu1 = 要素数(Hako1)
n1 = 乱数(kazu1-1)
unsei1 = Hako1[n1]

Hako2 = ["吉", "凶"]
kazu2 = 要素数(Hako2)
n2 = 乱数(kazu2-1)
unsei2 = Hako2[n2]

表示する("運勢は", unsei1, unsei2)
```

（実行結果）
運勢は 小 凶

図 3.14 「大、中、小」と「吉、凶」を別々に引くおみくじ

ここまで作ったプログラムでは、おみくじを引いたときに、1/2の確率で凶が出てしまう。そこで、2/3の確率で吉が表示されるようにプログラムを改良してみよう。
　次のプログラムでは、吉凶を表す配列「Hako2」の要素を「吉 吉 凶」にすることで、吉が選ばれる確率を凶が選ばれる確率の2倍にしている。プログラムを何度か実行して、吉の出る確率が増えたことを確認してみよう。

```
Hako1 = ["大", "中", "小"]
kazu1 = 要素数(Hako1)
n1 = 乱数(kazu1-1)
unsei1 = Hako1[n1]

Hako2 = ["吉", "吉", "凶"]
kazu2 = 要素数(Hako2)
n2 = 乱数(kazu2-1)
unsei2 = Hako2[n2]

表示する("運勢は", unsei1, unsei2)
```

（実行結果）
運勢は 大 吉

図 3.15　吉が出やすいおみくじ

3.12　円周率を求めよう

　円の面積は、半径と円周率から求めることができる。ここでは逆に、円の面積と半径から円周率の近似値を求めてみよう。

　縦横が2の長さの正方形と、正方形の内側に接する半径1の円を考える。図は、その1/4の部分を表している。正方形の内側に一定間隔で点を置いたとき、円の内側の点を黒色に、円の外側の点を灰色にした。点の数は面積を表していると考えることができる。

　円周率は、一般的には円周の長さを直径の長さで割ることで求める。ここでは、少し違ったやり方で円周率を計算してみよう。

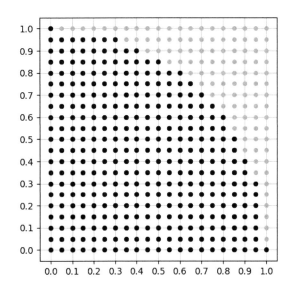

図 3.16　縦横 0 から 1 の範囲に、間隔 0.05 でグラフ上に点を打った様子。
（原点から見た斜辺の長さが 1 以下の点は黒、1 以上の点はグレー）

　円の面積 s は「$s = \pi * r^2$」で計算できる。この例では、半径 r は 1 であり、面積は円の面積の 1/4 なので、「$s = \pi/4$」となり、円周率 π は「$\pi = s * 4$」で求めることができる。図の場合、面積 s は「黒の点の数/すべての点の数」である。

　次のプログラムでは、横と縦に 0.05 間隔で置いた点（x, y）について、ピタゴラスの定理を用いて原点からの距離を計算する。原点からの距離が半径 1 の円の内側であれば変数「naka」に 1 を加え、半径 1 の円の外側であれば変数「soto」に 1 を加えることで、円の内側の点の数と外側の点の数を計算している。

```
naka = 0
soto = 0

x を 0 から 1 まで 0.05 ずつ増やしながら繰り返す:
│   y を 0 から 1 まで 0.05 ずつ増やしながら繰り返す:
│   │   z = sqrt(x**2 + y**2)
│   │   もし z <= 1 ならば:
│   │   │   naka = naka + 1
│   │   そうでなければ:
└   └   └   soto = soto + 1

goukei = naka + soto
hiritu = naka / goukei
pi = hiritu * 4
表示する("円周率:",pi)
```

(実行結果)
円周率:3.33

　前のプログラムで求めた円周率は、整数部分の 1 桁しか正しくない値だった。そこで、点の数を 0.01 間隔にして、前の例の 25 倍の数の点から計算してみよう。
　次のプログラムでは、縦と横の点の間隔を 0.01 にして計算を行っている。実行すると、小数部分を含め、2 桁の精度で円周率を計算することができた。

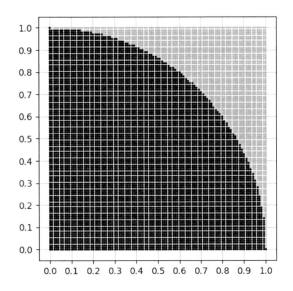

図 3.17 縦横 0 から 1 の範囲に、間隔 0.01 でグラフ上に点を打った様子。
（原点から見た斜辺の長さが 1 以下の点は黒、1 以上の点はグレー）

（実行結果）
円周率：3.1796

ここでは円周率を 2 桁までの精度で計算したが、点の間隔をさらに細かくすればさらに精度を高くできる。その場合には、計算する二乗で増えてしまうため、計算時間が増えてしまったり、計算の負荷が大きくなることがある。

3.13　パスワード生成と計算回数

　パスワードを作るときは、他人に推測されないように文字をランダムに組み合わせる必要がある。ランダムな数を作る関数である「乱数」を使って、パスワードを作ってみよう。

　次のプログラムでは、0から4までの5種類の数字から5文字のパスワードを生成する。変数「mojisu」はパスワードの文字数を指定する。変数「syurui」はパスワードに使う文字の種類を指定する。パスワードには、0からsyurui-1までの数字が使われる。

　プログラムを実行すると、実行するたびに異なる5文字のパスワードが表示される。

```
mojisu = 5
syurui = 5

password = ""
i を 0 から mojisu-1 まで 1 ずつ増やしながら繰り返す:
│　moji = 乱数(syurui-1)
└　password = password + moji

表示する("パスワード:", password)
```

（実行結果の例）
41203

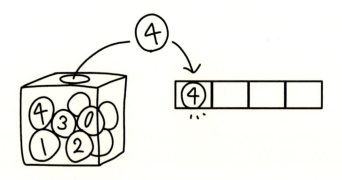

図 3.18　ランダムな数字によるパスワード生成

3.13 パスワード生成と計算回数

　パスワードが偶然他人に当てられないためには、どの程度の複雑さが必要だろう。ここでは、ランダムなパスワードを生成できる種類をパスワードの強度としてみよう。たとえば、5 種類の文字を 5 文字組み合わせる場合の強度は 5 の 5 乗（5**5）になる。

```
syurui = 5
mojisu = 5
表示する (syurui ** mojisu)
```

（出力結果）
3125

　より強いパスワードを生成するために、文字の種類とパスワードの桁数を増やしてみよう。次のプログラムでは、0 から 9 までの 10 種類の文字から 8 桁のパスワードを生成する。パスワードと同時に強度も表示している。

```
mojisu = 8
syurui = 10

password = ""
i を 0 から mojisu-1 まで 1 ずつ増やしながら繰り返す:
 │  moji = 乱数 (syurui-1)
 └  password = password + moji

表示する ("パスワード:", password)
kyodo = syurui ** mojisu
表示する ("このパスワードの強度は", kyodo, "です。")
```

（出力結果）
パスワード: 17429572
このパスワードの強度は 100000000 です。

　文字の種類とパスワードの桁数を増やすことで、強度を上げることができた。しかし、文字に数字だけを使っていると、文字の種類を 0 から 9 までの 10 種類より増やすことができない。そこで、10 以上の数字に文字を割り当てることで、数字の他に記号を使えるように改良しよう。
　次のプログラムでは、0 から 12 までの数を生成し、値が 10 なら文字「"_"」に、値が 11 なら文字「"#"」に、値が 12 なら文字「"!"」になるようにすることで、13 種類の文字を使いパス

ワードを生成する。

```
mojisu = 8
syurui = 13

password = ""
i を 0 から mojisu-1 まで 1 ずつ増やしながら繰り返す：
│ ransu = 乱数 (syurui-1)
│ もし ransu == 10 ならば：
│ │ moji = "_"
│ そうでなくもし ransu == 11 ならば：
│ │ moji = "#"
│ そうでなくもし ransu == 12 ならば：
│ │ moji = "!"
│ そうでなければ：
│ └ moji = ransu
└ password = password + moji

表示する ("パスワード：", password)
kyodo = syurui ** mojisu
表示する ("このパスワードの強度は", kyodo, "です。")
```

（出力結果）
パスワード：84!02#1_
このパスワードの強度は 815730721 です。

図 3.19 10 以上の数値を利用したパスワードの記号生成

　実行結果を見ると、文字の種類や桁数を増やすことで、パスワードの強度を大幅に増やせることがわかる。これは、パスワードの強度が「文字の種類の桁数乗」で大きくなるからである。このように、種類や数が増えることで組み合わせのパターンが爆発的に増えることを、「組み合わせ爆発」と呼ぶ。文字の種類とパスワードの桁数を変えて、パスワードの強度がどのように変わるかを観察してみよう。

3.14　スタックとキュー

　たくさんのデータが次々と到着してそれをプログラムで処理していくときに、手元にある複数のデータをどのように扱えばよいだろう。ここでは、「最後に到着した新しいデータを先に処理する」スタックというデータ構造と、「最初に到着した古いデータを先に処理する」キューというデータ構造を紹介する。

　スタックでは、最後に到着した新しいデータを先に処理する。図に、「筒にボールを上から入れて、上から取り出して使う」スタックの説明図を示す。データを入れるときは筒の上からボールを入れ（push）、データを取り出すときは筒の上から手を入れてボールを取り出す（pop）。ボールは上からしか取り出せないため、途中のボールを取り出すことはできない。スタックは「後から入れたものを先に取り出す」という意味でLIFO(Last In, First Out)とも呼ばれる。

図 3.20　スタックでは後から入れたものを先に取り出す

　以下のプログラムを実行すると、「最後に追加」関数によって、スタックに文字「a」、「b」、「c」の順でデータが追加される。その後、「最後から取り出す」関数によって、データを全て取り出して表示している。最後に入れたものから順に取り出されるため、文字「c」、「b」、「a」の順で表示される。

```
Stack = []
最後に追加(Stack, "a")
最後に追加(Stack, "b")
最後に追加(Stack, "c")

表示する(最後から取り出す(Stack))
表示する(最後から取り出す(Stack))
表示する(最後から取り出す(Stack))
```

（実行結果）
c
b
a

　スタックを使うと、どのようなことができるのだろう。ここでは、スタックを使い、文字列が「左から読んでも右から読んでも同じになる」回文かどうかを判定してみよう。
　次のプログラムでは、スタックに文字を格納し、最後に入れた文字から順に表示している。最初の文字列と、表示された文字列が同じ文字列であれば、回文であることがわかる。

```
Stack = []
最後に追加(Stack, "た")
最後に追加(Stack, "け")
最後に追加(Stack, "や")
最後に追加(Stack, "ぶ")
最後に追加(Stack, "や")
最後に追加(Stack, "け")
最後に追加(Stack, "た")

要素数(Stack) > 0 の間繰り返す:
    表示する(最後から取り出す(Stack))
```

（実行結果）
たけやぶやけた

キューでは、最初に到着した古いデータを先に処理する。「筒に鉛筆を上から入れたら、取り出すときは下からしか取り出せない」ロケット鉛筆の構造を例にキューの説明図を示す。データを入れるときは、筒の上から鉛筆を入れ、データを取り出すときは、筒の下から鉛筆を取り出す。鉛筆は下からしか取り出せないため、途中の鉛筆を取り出すことはできない。キューは「先に入れたものを先に取り出す」という意味でFIFO(First In, First Out)とも呼ばれる。

図 3.21　キューでは先に入れたものを先に取り出す

以下のプログラムを実行すると、「最初に追加」関数によって、キューに文字a、b、cの順でデータが追加される。その後、「最初から取り出す」関数によって、データを全て取り出して表示している。入れた順に取り出されるため、文字a、b、cの順で表示される。

```
Queue = []
最後に追加 (Queue, "a")
最後に追加 (Queue, "b")
最後に追加 (Queue, "c")

表示する (最初から取り出す (Queue))
表示する (最初から取り出す (Queue))
表示する (最初から取り出す (Queue))
```

（実行結果）
a
b
c

キューを使うと、どのようなことができるのだろう。ここでは、キューを使い、お店の注文を受けて順番に料理を作る場合を考えてみよう。キューを使ってデータを管理することで、バラバラに注文された場合でも、注文を受けた順番で取り出すことができる。

```
KyakuA = ["まぐろ", "サーモン", "いか"]
KyakuB = ["えんがわ", "たこ", "つぶ貝"]
KyakuC = ["甘エビ", "ハマチ", "サラダロール"]

Tyumon = []
i を 0 から 2 まで 1 ずつ増やしながら繰り返す：
 ├ 最後に追加 (Tyumon, KyakuA[i])
 ├ 最後に追加 (Tyumon, KyakuB[i])
 └ 最後に追加 (Tyumon, KyakuC[i])

要素数 (Tyumon) > 0 の間繰り返す：
 └ 表示する (最初から取り出す (Tyumon))
```

（実行結果）
まぐろ
えんがわ
甘エビ
サーモン
たこ
ハマチ
いか
つぶ貝
サラダロール

図 3.22　キューを使うと注文リストを管理できる

第4章
プログラミングで問題を解決しよう

4.1 画像を数値で伝えよう

　コンピュータは、テキストや画像など、あらゆるデータを数値で表現している。この章では、コンピュータに数値で画像を伝えるプログラムを作成してみよう。
　次の図は、白黒のドットで音符を表現したイラストである。このイラストを、数値だけで表現してみよう。

図 4.1　白黒のドット絵で表現した音符

白を 0、黒を 1 に置き換えると、上記の絵は次のように数値だけで表現することができる。

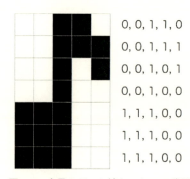

図 4.2　白黒のドット絵を 0 と 1 で表現

この絵をコンピュータに伝えるために、次のように数値を配列「Data」に入れてみた。

```
Data = [0, 0, 1, 1, 0, 0, 0, 1, 1, 1, 0, 0, 1, 0, 1, 0, 0, 1, 0, 0,
1, 1, 1, 0, 0, 1, 1, 1, 0, 0, 1, 1, 1, 0, 0]
```

　この配列「Data」から、□と■で絵を描くプログラムを考えてみる。画像の横幅は 5 マスであるため、5 マスごとに区切って描画する。次のプログラムのうち、【ア】から【ウ】に当てはまるものを考えよう。

4.1 画像を数値で伝えよう

```
Data = [0, 0, 1, 1, 0, 0, 0, 1, 1, 1, 0, 0, 1, 0, 1, 0, 0, 1, 0, 0,
    1, 1, 1, 0, 0, 1, 1, 1, 0, 0, 1, 1, 1, 0, 0]
kazu = 要素数(Data)
haba = 5

i を 0 から kazu-1 まで 5 ずつ増やしながら繰り返す:
│   j を 0 から haba-1 まで 1 ずつ増やしながら繰り返す:
│   │   もし Data[i+j] == 0 ならば:
│   │   │   改行なしで表示する(【 ア 】)
│   │   そうでなくもし Data[i+j] == 1 ならば:
│   └   └   改行なしで表示する(【 イ 】)
└   表示する(【 ウ 】)
```

【 解答の選択肢 】
(1) "■"
(2) "□"
(3) ""

解答

【 ア 】 : (2) 【 イ 】 : (1) 【 ウ 】 : (3)

（実行結果）

□ □ ■ ■ □
□ □ ■ ■ ■
□ □ ■ □ ■
□ □ ■ □ □
■ ■ ■ □ □
■ ■ ■ □ □
■ ■ ■ □ □

　このプログラムで、絵をプログラムに伝えることができた。しかし、配列「Data」は非常に長く、伝えるのが大変である。そのため、もっと短い情報で絵を伝える手法を検討した。そこで、白と黒の個数を、各行ごとに「白、黒、白、黒、…」の順番で記述することを考えた。この場合、次の図のように記述できる。

113

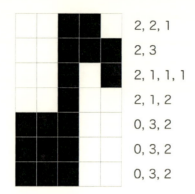

図 4.3　白黒のドット絵を白黒の個数で表現

また、行末を-1で表現すると、図の幅を固定する必要がないと考えた。このルールで配列「Data」を更新すると、次のようになる。

```
Data = [2, 2, 1, -1, 2, 3, -1, 2, 1, 1, 1, -1, 2, 1, 2, -1, 0, 3, 2, -1, 0, 3, 2, -1, 0, 3, 2]
```

これで、配列「Data」の中身を圧縮することができた。この配列「Data」を用いて、プログラムで絵を描いてみよう。

配列「Data」の中身を［2, 2, 1］として、1行分の絵を描画する処理を考えてみる。まずは、最初の値である2個だけ□を描画する。また、□が描画されたあとは■、■が描画されたあとは□が描画されるように色を切り替える必要があるため、変数「iro」に□を代入しておき、描画が行われるたびに変数「iro」の中身を入れ替えるようにする。次のプログラムのうち、【エ】から【カ】に当てはまるものを考えよう。

```
Data = [2, 2, 1]
kazu = 要素数(Data)

iro = "□"
i を 0 から kazu-1 まで 1 ずつ増やしながら繰り返す:
  │　j を 0 から 【エ】 まで 1 ずつ増やしながら繰り返す:
  │　└　改行なしで表示する(iro)
  │　もし iro == "□" ならば:
  │　│　iro = 【オ】
  │　そうでなければ:
  └　└　iro = 【カ】
```

（実行結果）
□ □ ■ ■ □

【 解答の選択肢 】
(4) "■"
(5) "□"
(6) ""
(7) Data[i]
(8) Data[i]-1
(9) Data[j]
(10) Data[j]-1

解答

【エ】：(8) 【オ】：(4) 【カ】：(5)

では、行末である-1を見つけたら次の行に移行するように、このプログラムを改良しよう。Data[i]の値が-1と等しくない場合は先ほどと同様の処理を実行し、等しい場合には空文字列を表示することで次の行に移ったうえで、変数「iro」の中身を□に戻す処理を追加する。次のプログラムのうち、【キ】、【ク】に当てはまるものを考えよう。

```
Data = [2, 2, 1, -1, 2, 3, -1, 2, 1, 1, 1, -1, 2, 1, 2, -1, 0, 3, 2, -1,
    0, 3, 2, -1, 0, 3, 2]
kazu = 要素数(Data)

iro = "□"
i を 0 から kazu-1 まで 1 ずつ増やしながら繰り返す:
|  もし 【 キ 】 ならば:
|  |  j を 0 から Data[i]-1 まで 1 ずつ増やしながら繰り返す:
|  |  └  改行なしで表示する(iro)
|  |  もし iro == "■"ならば:
|  |  |  iro = "□"
|  |  そうでなければ:
|  |  └  iro = "■"
|  そうでなければ:
|  |  表示する("")
└  └  iro = 【 ク 】
```

（実行結果）
□ □ ■ ■ □
□ □ ■ ■ ■
□ □ ■ □ ■
□ □ ■ □ □
■ ■ ■ □ □
■ ■ □ □ □
■ ■ ■ □ □

【 解答の選択肢 】
(11) Data[i] == -1
(12) Data[i] != -1
(13) "□"
(14) "■"
(15) ""

解答

【 キ 】：(12) 【 ク 】：(13)

問題

この節で学んだ内容を使って、次の数値列を絵に直そう。

1) 1, 3, 1, -1, 1, 1, 1, 1, 1, -1, 1, 3, 1, -1, 0, 1, 1, 1, 1, 1, -1, 0, 5, -1, 1, 3, 1, -1

2) 1, 3, 1, -1, 1, 3, 1, -1, 0, 1, 1, 1, 2, -1, 0, 5, -1, 2, 1, 1, 1, -1, 1, 1, 1, 1, 1, -1, 1, 1, 1, 1, 1

解答

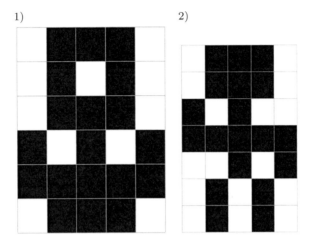

4.2 カッコを使わずに計算しよう

数式を計算するときは、「（ 1 + 2 ）* 3」のように必要に応じてカッコを使う必要がある。ここでは、カッコを使わずに計算を行うことのできる「逆ポーランド記法」の計算機を作ってみよう。

図 4.4　計算してくれる機械

4.2.1　逆ポーランド記法

　足し算や掛け算などの計算を行う場合には、演算子の優先順位を考える必要がある。たとえば、掛け算は足し算より優先順位が高いため、「1 + 2 * 3」は「2 * 3」を先に計算してから、「1 + 6」を計算する。もし「1 + 2」を先に計算する場合には、「(1 + 2) * 3」と、カッコで囲う必要がある。

　逆ポーランド記法という数式の書き方を使うと、不思議なことにカッコを使わずに数式を表現できる。通常の数式は「1 + 2」のように「値　演算子　値」という形をしているが、逆ポーランド記法では「1 2 +」のように「値　値　演算子」という形で式を書く。

```
1 2 +
```

図 4.5 逆ポーランド記法の計算式

　計算は、前の 2 つの値に対して行われる。「1 2 +」の場合は、「1 と 2 を足す」という意味になる。

　次に、「1 + 2 + 3」という式を考えてみよう。この式は、「(1 + 2) + 3」と考えることができるため、逆ポーランド記法では次の式で表せる。逆ポーランド記法の計算は、左から順番に行われる。この例では、「1 2 +」が計算されて 3 になり、続いて「3 3 +」が計算されて結果は 6 になる。

```
1 2 + 3 +
```

問題

次の数式を逆ポーランド記法で表現しよう。
Q1) 3 - 2 + 5
Q2) 5 + 10 + 2 - 1

解答

A1) 3 2 - 5 +
A2) 5 10 + 2 + 1 -

　この逆ポーランド記法の優れている点は、括弧で囲まなくても演算の優先順位を明確に記述できる点である。たとえば、「1 + 2 * 3」を逆ポーランド記法で示すと、次のようになる。この式を計算すると、「2 3 *」が計算されて 6 になり、続いて「6 1 +」が計算され、結果の 7 が得られる。

```
2 3 * 1 +
```

今度は、「(1 + 2) * 3」を表現してみよう。計算式は次のようになる。

```
1 2 + 3 *
```

この式の計算では、1と2の加算が計算されて3になり、続いて「3 3 *」が実行されて、結果の9が得られる。このように、逆ポーランド記法を使うと、カッコを使わずに計算の優先順位を扱うことができる。

次に、「1 * 2 + 3 * 4」の式を考えてみよう。逆ポーランド記法では、次のように書くことができる。

```
1 2 * 3 4 * +
```

この式の計算では、「1 2 *」と「3 4 *」が計算されて2と12が得られ、続いて「2 12 +」を計算して、結果の14が得られる。

括弧を使って優先順位を変えた「1 * (2 + 3) * 4」の式の場合は、次のように記述することができる。

```
2 3 + 1 * 4 *
```

問題

Q1) 12 * 5 + 10 * 3
Q2) 12 * (5 + 10) * 3
Q3) 10 + 5 * 3 - 12
Q4) (10 + 5) * (3 - 12)

解答

A1) 12 5 * 10 3 * +
A2) 5 10 + 12 * 3 *
A3) 5 3 * 10 + 12 -
A4) 10 5 + 3 12 - *

4.2.2 逆ポーランド電卓を作ろう

逆ポーランド記法の式を計算できる電卓プログラムを作ってみよう。式の計算には、前の章で学んだスタックを利用する。

計算する式は、数値と演算子を配列「`Siki`」に入れておく。

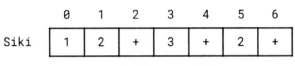

図 4.6 配列「Siki」の要素

次のプログラムでは、配列「Siki」の要素を画面に表示する。

```
Siki = [1, 2, "+", 3, "+", 2, "+"]
n = 要素数(Siki)

i を 0 から n-1 まで 1 ずつ増やしながら繰り返す:
└ 表示する(Siki[i])
```

次のプログラムでは、計算時のスタックとして使用するための配列「Stack」を用意した。そして配列「Stack」の中に、配列「Siki」の要素を「最後に追加」でひとつずつ格納している。

```
Siki = [1, 2, "+", 3, "+", 2, "+"]
n = 要素数(Siki)
Stack = []

i を 0 から n-1 まで 1 ずつ増やしながら繰り返す:
│ 最後に追加(Stack, Siki[i])
└ 表示する(Siki[i])
```

次に、「計算」を行うスタックマシンを実装してみよう。まずは、足し算だけを行うように改良しよう。スタックマシンでは、演算子が得られた段階でスタックの最後から 2 個の値を取り出して演算を行い、結果をスタックの最後に追加する。文字列「+」ならその処理を、そうでなければ数値であるためそのままスタックの最後に追加するようプログラムを改良しよう。

```
Siki = [1, 2, "+", 3, "+", 2, "+"]
n = 要素数(Siki)
Stack = []

i を 0 から n-1 まで 1 ずつ増やしながら繰り返す:
│ もし Siki[i] == "+" ならば:
│ │ b = 最後から取り出す(Stack)
│ │ a = 最後から取り出す(Stack)
│ │ 最後に追加(Stack, a+b)
│ そうでなければ:
│ └ 最後に追加(Stack, Siki[i])
└ 表示する(Stack)
```

（出力結果）
[1]
[1, 2]
[3]
[3, 3]
[6]
[6, 2]
[8]

図 4.7　スタックマシンが計算する様子

では、引き算、掛け算、割り算も実装しよう。先ほどの足し算のように、それぞれの演算子が得られたら、スタックの後ろから2つ要素を取り出して、演算結果をまたスタックの最後に追加する。

```
Siki = [1, 2, "+", 3, "*", 2, "-", 2, "/"]
n = 要素数(Siki)
Stack = []

i を 0 から n-1 まで 1 ずつ増やしながら繰り返す:
│ もし Siki[i] == "+" ならば:
│ │ b = 最後から取り出す(Stack)
│ │ a = 最後から取り出す(Stack)
│ │ 最後に追加(Stack, a+b)
│ そうでなくもし Siki[i] == "-" ならば:
│ │ b = 最後から取り出す(Stack)
│ │ a = 最後から取り出す(Stack)
│ │ 最後に追加(Stack, a-b)
│ そうでなくもし Siki[i] == "*" ならば:
│ │ b = 最後から取り出す(Stack)
│ │ a = 最後から取り出す(Stack)
│ │ 最後に追加(Stack, a*b)
│ そうでなくもし Siki[i] == "/" ならば:
│ │ b = 最後から取り出す(Stack)
│ │ a = 最後から取り出す(Stack)
│ │ 最後に追加(Stack, a/b)
│ そうでなければ:
│ └ 最後に追加(Stack, Siki[i])
└ 表示する(Stack)
```

（出力結果）
[1]
[1, 2]
[3]
[3, 3]
[9]
[9, 2]
[7]
[7, 2]
[3.5]

　これで、足し算、引き算、掛け算、割り算を計算できるスタックマシンが完成した。この節の前半で扱った練習問題の計算式を入力して、挙動を確認しよう。

4.3 バブルソート

整列アルゴリズムを使うと、配列を値の順に並び替えることができる。整列はソートとも呼ばれる。整列アルゴリズムにはいくつかの種類が存在する。配列の隣り合った要素を比較しながら交換していく、バブルソートアルゴリズムを使ってみよう。

4.3.1 変数値の交換

バブルソートでは隣り合った値を比較して交換する。変数 a と変数 b の値を交換するときに、次のプログラムを実行すると、「a=b」で a に b の値が代入されるため、a の値は失われてしまう。続く「b=a」では a に代入された b の値が b に代入され、結果として変数 a と変数 b の値は両方とも b の値になってしまう。

    a=b
    b=a

そこで、一時的に値を覚えておくための変数 t を使ってプログラムを修正すると、「t=a」で a の値が t に代入され、「a=b」で b の値が a に代入され、「b=t」で元の a の値が b に代入されるため、正しく a と b の値を交換することができる。

    t=a
    a=b
    b=t

次のプログラムでは、値を交換する関数「交換」を定義している。関数「交換」を「交換 (m, n)」の形で呼び出すと、配列「Data」の添字「m」の要素と添字「n」の要素を交換する。関数「交換」の内部では、一時的に値を覚えておくための変数「t」を利用している。

プログラムを実行すると、「交換 (0, 1)」により、添字 0 の値「6」と添字 1 の値「2」が交換されたことがわかる。

```
交換 (m, n):
│  t = Data[m]
│  Data[m] = Data[n]
└  Data[n] = t

Data = [6, 2, 9, 7, 5, 1, 4]
交換 (0, 1)
表示する (Data)
```

（出力結果）
[2, 6, 9, 7, 5, 1, 4]

4.3.2 隣同士の要素比較

バブルソートで値の小さい順番に並べ替える場合には、隣同士の要素を比較しながら、「大きい値を右側に移動させる」処理を繰り返す。

次のプログラムでは、隣同士の要素を比較したときに、「左側の値の方が大きい場合に入れ替える」という処理を行う関数「比較交換」を定義した。関数「比較交換」を「比較交換 (m，n)」の形で呼び出すと、配列「Data」の添字「m」の要素と添字「n」の要素を比較して、添字「m」の要素の方が大きい場合は値を交換する。

プログラムを実行すると、「比較交換 (0，1)」では、添字 0 の値「6」は添字 1 の値「2」より大きいため、値が交換されたことがわかる。「比較交換 (1，2)」では、添字 1 の値「6」は添字 2 の値「9」より大きくないため、値は交換されなかったことがわかる。

```
# 関数「交換」は前のプログラムと同じ

比較交換 (hidari, migi):
|   もし Data[hidari] > Data[migi] ならば:
|   |   交換 (hidari, migi)


Data = [6, 2, 9, 7, 5, 1, 4]
比較交換 (0, 1)
表示する (Data)
比較交換 (1, 2)
表示する (Data)
```

(実行結果)
[2, 6, 9, 7, 5, 1, 4]
[2, 6, 9, 7, 5, 1, 4]

4.3.3 配列全体の比較処理

「左側の値の方が大きい場合に右側の値と入れ替える」という処理を、配列に対して左から順番に実行してみよう。バブルソートという名前は、「大きな値が右側に移動する」様子を、泡が浮かび上がる様子に見立てて名付けられている。

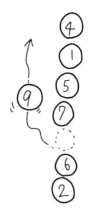

図 4.8 泡が浮上するように大きな値が浮かび上がる様子

次のプログラムでは、関数「浮上」の中で、配列の左端から順に「比較交換」を実行する。実行すると、全ての値がソートされているわけではないが、最も大きい値である「9」が右端に移動していることがわかる。

```
# 関数「交換」「比較交換」は前のプログラムと同じ

浮上():
| kazu = 要素数(Data)
| hidari を 0 から kazu-2 まで 1 ずつ増やしながら繰り返す:
| | migi = hidari + 1
└ └ 比較交換(hidari, migi)

Data = [6, 2, 9, 7, 5, 1, 4]
浮上()
表示する(Data)
```

(実行結果)
[2, 6, 7, 5, 1, 4, 9]

4.3.4 バブルソートの考え方

「一番大きな値が一番右側に移動する」という処理を何度も繰り返すことを考えよう。右端に移動した要素を固定して、それより左側の要素に対して処理を繰り返すと、配列の値は次のように変化する。

図を見ると、実行するたびに、配列の右側に固定された数が増えていくことがわかる。そして、すべての要素が固定されると並び替えの処理が完了する。

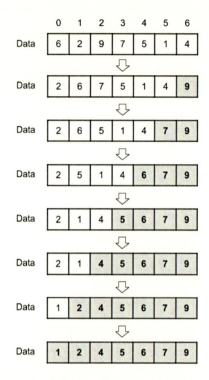

図 4.9　大きな値から順番に浮上して固定されていく

次のプログラムでは、関数「浮上」を 7 回実行しながら、配列の要素の並びを表示している。

```
# 関数「交換」「比較交換」は前のプログラムと同じ

浮上():
│  kazu = 要素数(Data)
│  hidari を 0 から kazu-2 まで 1 ずつ増やしながら繰り返す:
│  │  migi = hidari + 1
└  └  比較交換(hidari, migi)


Data = [6, 2, 9, 7, 5, 1, 4]
表示する(Data)
浮上()
表示する(Data)
浮上()
表示する(Data)
浮上()
表示する(Data)
浮上()
表示する(Data)
浮上()
表示する(Data)
浮上()
表示する(Data)
浮上()
表示する(Data)
```

（出力結果）

[6, 2, 9, 7, 5, 1, 4]
[2, 6, 7, 5, 1, 4, 9]
[2, 6, 5, 1, 4, 7, 9]
[2, 5, 1, 4, 6, 7, 9]
[2, 1, 4, 5, 6, 7, 9]
[1, 2, 4, 5, 6, 7, 9]
[1, 2, 4, 5, 6, 7, 9]
[1, 2, 4, 5, 6, 7, 9]

図 4.10　バブルソートでは値が大きさの順に浮かんでいく

4.3.5　バブルソート関数の定義

次のプログラムでは、関数「バブルソート」を作り、関数「浮上」をデータ数に合わせて繰り返して実行するようにした。

```
# 関数「交換」「比較交換」「浮上」は前のプログラムと同じ

バブルソート ():
│  kazu = 要素数 (Data)
│  i を 0 から kazu-2 まで 1 ずつ増やしながら繰り返す:
└  └  浮上 ()

Data = [6, 2, 9, 7, 5, 1, 4]
バブルソート ()
表示する (Data)
```

（出力結果）
[1, 2, 4, 5, 6, 7, 9]

4.3.6　比較範囲の指定

これで、バブルソートを行う関数を実現できた。ただし、関数「浮上」で最も大きな値を右側に移す処理は、配列全体を対象にしているため効率が悪い。

そこで、右側に移った値を固定して、処理の範囲を狭くしていくように関数「浮上」を改良しよう。次のプログラムでは、関数「浮上」に繰り返しの回数を表す引数「c」を追加することで、処理の範囲を指定できるようにした。

```
# 関数「交換」「比較交換」は前のプログラムと同じ

浮上 (c):
|  kazu = 要素数 (Data)
|  hidari を 0 から kazu-2-c まで 1 ずつ増やしながら繰り返す:
|  |  migi = hidari + 1
└  └  比較交換 (hidari, migi)

バブルソート ():
|  kazu = 要素数 (Data)
|  i を 0 から kazu-2 まで 1 ずつ増やしながら繰り返す:
└  └  浮上 (i)

Data = [6, 2, 9, 7, 5, 1, 4]
バブルソート ()
表示する (Data)
```

(実行結果)
[1, 2, 4, 5, 6, 7, 9]

ここまでのプログラムを次にまとめる。

```
交換(m, n):
│  t = Data[m]
│  Data[m] = Data[n]
└  Data[n] = t


比較交換(hidari, migi):
│  もし Data[hidari] > Data[migi] ならば:
└  └  交換(hidari, migi)


浮上(c):
│  kazu = 要素数(Data)
│  hidari を 0 から kazu-2-c まで 1 ずつ増やしながら繰り返す:
│  │  migi = hidari + 1
└  └  比較交換(hidari, migi)


バブルソート():
│  kazu = 要素数(Data)
│  i を 0 から kazu-2 まで 1 ずつ増やしながら繰り返す:
└  └  浮上(i)


Data = [6, 2, 9, 7, 5, 1, 4]
バブルソート()
表示する(Data)
```

（参考）一般的なバブルソートのプログラム

本書では、バブルソートの処理を理解しやすいように、プログラムを複数の関数に分けて作成した。

次のプログラムは、一般的なバブルソートのプログラムである。関数を使う代わりに、2つの「繰り返す」と「もし」の入れ子構造になっている。

```
Data = [6, 2, 9, 7, 5, 1, 4]
kazu = 要素数(Data)
表示する(Data)

i を 0 から kazu-2 まで 1 ずつ増やしながら繰り返す:
│ j を 0 から kazu-2-i まで 1 ずつ増やしながら繰り返す:
│ │ もし Data[j] > Data[j+1] ならば:
│ │ │ t = Data[j]
│ │ │ Data[j] = Data[j+1]
└ └ └ Data[j+1] = t

表示する(Data)
```

次の図に、本書で作成したバブルソートの関数（「交換」「比較交換」「浮上」「バブルソート」）との対応を示す。

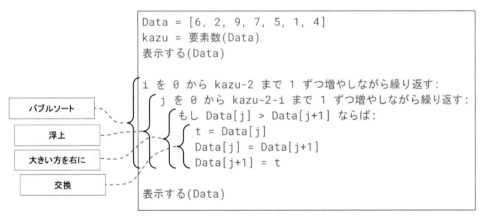

図 4.11　一般的なバブルソートのプログラムとの対応

問題

この節で学んだ内容を使って、次の配列を入れ替える流れを考えよう。

```
Data = [6, 2, 4, 3, 5, 1]
```

次のバブルソートのプログラムを用いて、配列「Data」を並び替える。

```
交換 (m, n):
│   t = Data[m]
│   Data[m] = Data[n]
└   Data[n] = t


比較交換 (hidari, migi):
│   もし Data[hidari] > Data[migi] ならば:
└ └   交換 (hidari, migi)


浮上 (c):
│   kazu = 要素数 (Data)
│   表示する ("変数「c」の中身：", c)
│   表示する ("「浮上」関数内部での繰り返し範囲： 0 から ", kazu-2-c, "まで")
│   hidari を 0 から kazu-2-c まで 1 ずつ増やしながら繰り返す:
│ │   migi = hidari + 1
└ └   比較交換 (hidari, migi)


バブルソート ():
│   kazu = 要素数 (Data)
│   表示する ("配列「Data」の要素数：", kazu)
│   i を 0 から kazu-2 まで 1 ずつ増やしながら繰り返す:
│ │   表示する ("「浮上」関数の実行： ", i+1, " 回目")
│ │   浮上 (i)
└ └   表示する ("配列「Data」の途中経過：", Data)


Data = [6, 5, 2, 4, 3, 1]
表示する (Data)
バブルソート ()
表示する (Data)
```

次に示す上記のプログラムの実行結果について、穴を埋めよ。

（実行結果）
[6, 5, 2, 4, 3, 1]
配列「Data」の要素数：【　】

「浮上」関数の実行：　1 回目
変数「c」の中身：　【　】
「浮上」関数内部での繰り返し範囲：0 から　【　】　まで
配列「Data」の途中経過：【　】

「浮上」関数の実行：　2 回目
変数「c」の中身：　【　】
「浮上」関数内部での繰り返し範囲：0 から　【　】　まで
配列「Data」の途中経過：【　】

「浮上」関数の実行：　3 回目
変数「c」の中身：　【　】
「浮上」関数内部での繰り返し範囲：0 から　【　】　まで
配列「Data」の途中経過：【　】

「浮上」関数の実行：　4 回目
変数「c」の中身：　【　】
「浮上」関数内部での繰り返し範囲：0 から　【　】　まで
配列「Data」の途中経過：【　】

「浮上」関数の実行：　5 回目
変数「c」の中身：　【　】
「浮上」関数内部での繰り返し範囲：0 から　【　】　まで
配列「Data」の途中経過：【　】

[1, 2, 3, 4, 5, 6]

解答

（実行結果）
[6, 5, 2, 4, 3, 1]
配列「Data」の要素数： 6

「浮上」関数の実行： 1 回目
変数「c」の中身： 0
「浮上」関数内部での繰り返し範囲： 0 から 4 まで
配列「Data」の途中経過： [5, 2, 4, 3, 1, 6]

「浮上」関数の実行： 2 回目
変数「c」の中身： 1
「浮上」関数内部での繰り返し範囲： 0 から 3 まで
配列「Data」の途中経過： [2, 4, 3, 1, 5, 6]

「浮上」関数の実行： 3 回目
変数「c」の中身： 2
「浮上」関数内部での繰り返し範囲： 0 から 2 まで
配列「Data」の途中経過： [2, 3, 1, 4, 5, 6]

「浮上」関数の実行： 4 回目
変数「c」の中身： 3
「浮上」関数内部での繰り返し範囲： 0 から 1 まで
配列「Data」の途中経過： [2, 1, 3, 4, 5, 6]

「浮上」関数の実行： 5 回目
変数「c」の中身： 4
「浮上」関数内部での繰り返し範囲： 0 から 0 まで
配列「Data」の途中経過： [1, 2, 3, 4, 5, 6]

[1, 2, 3, 4, 5, 6]

（参考）アルゴリズムの計算量

　バブルソートは一般的に計算に時間がかかると言われるアルゴリズムである。アルゴリズムの世界では、この計算の速さを「計算量」と表現し、性能の評価に用いられる。ソートアルゴリズムでは、バブルソートや選択ソートなどが並び替えを行うデータ数「n」の二乗に対応するように計算時間が増加する。こうしたアルゴリズムを、$O(n^2)$ と表現する。また、クイックソートやマージソートなどは $O(nlog(n))$ であり、高速である。$O(n^2)$ と $O(nlog(n))$ を比較した図を次に示す。

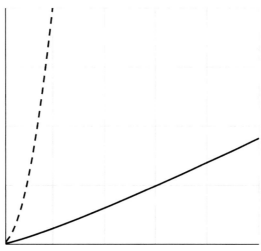

図 4.12　ソートアルゴリズムの計算量の比較
（実線は $O(nlog(n))$、破線は $O(n^2)$）

　$O(n^2)$ は、$O(nlog(n))$ と比較して爆発的に計算量が増加していることがわかる。

　一方、探索アルゴリズムはソートアルゴリズムより高速である。その中でも、$O(n)$ の線形探索、線形探索より高速である $O(log(n))$ の二分探索、メモリ効率が悪いことや、様々な工夫を要する代わりに $O(1)$ であるハッシュ探索など、性能が異なる。$O(n)$、$O(log(n))$、$O(1)$ を比較した図を次に示す。

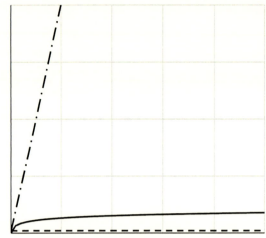

図 4.13　探索アルゴリズムの計算量の比較
（一点鎖線は $O(n)$、実線は $O(log(n))$、破線は $O(1)$）

　こうした計算量を考慮して、どの程度のデータ数になるのか、どのような環境で実装するのかなど様々な要因を加味してアルゴリズムを選定する必要がある。

あとがき

　本書の作成にあたっては、多くの人にお世話になりました。近代科学社の山口幸治様には出版のお声がけをいただき、赤木恭平様には編集作業でたいへんお世話になりました。

　大阪電気通信大学（工学部電子機械工学科）の兼宗研究室のメンバーにも協力してもらいました。素敵なイラストは、林久美子さんが担当してくれました。プログラムについては、宮崎章太君と山本裕文君が動作を確認してくれました。

　どんくりの公開にあたっては、Bit Arrow 開発チームに協力していただきました。みなさまのご協力に感謝申し上げます。

2024 年 9 月
著者を代表して　兼宗進

監修紹介

兼宗 進（かねむね すすむ）

大阪電気通信大学　工学部電子機械工学科　教授・副学長

著者紹介

本多 佑希（ほんだ ゆうき）

四天王寺大学　高等教育推進センター　講師

漆原 宏丞（うるしはら こうすけ）

大阪電気通信大学　工学研究科　博士後期課程

◎本書スタッフ
編集長：石井 沙知
編集：赤木 恭平
組版協力：阿瀬 はる美
表紙デザイン：tplot.inc 中沢 岳志
技術開発・システム支援：インプレス NextPublishing

●本書に記載されている会社名・製品名等は、一般に各社の登録商標または商標です。本文中のⓒ、Ⓡ、TM等の表示は省略しています。

●本書の内容についてのお問い合わせ先
近代科学社Digital　メール窓口
kdd-info@kindaikagaku.co.jp
件名に「『本書名』問い合わせ係」と明記してお送りください。
電話やFAX、郵便でのご質問にはお答えできません。返信までには、しばらくお時間をいただく場合があります。なお、本書の範囲を超えるご質問にはお答えしかねますので、あらかじめご了承ください。

●落丁・乱丁本はお手数ですが、(株) 近代科学社までお送りください。送料弊社負担にてお取り替えさせていただきます。但し、古書店で購入されたものについてはお取り替えできません。

「どんくり」で楽しく学ぶ
共通テスト用プログラム表記
完全ガイド

2024年9月6日　初版発行Ver.1.0

監　修　兼宗 進
著　者　本多 佑希, 漆原 宏丞
発行人　大塚 浩昭
発　行　近代科学社Digital
販　売　株式会社 近代科学社
　　　　〒101-0051
　　　　東京都千代田区神田神保町1丁目105番地
　　　　https://www.kindaikagaku.co.jp

●本書は著作権法上の保護を受けています。本書の一部あるいは全部について株式会社近代科学社から文書による許諾を得ずに、いかなる方法においても無断で複写、複製することは禁じられています。

©2024 Kanemune Susumu, Honda Yuki, Urushihara Kosuke. All rights reserved.
印刷・製本　京葉流通倉庫株式会社
Printed in Japan
ISBN978-4-7649-0711-9

近代科学社Digital は、株式会社近代科学社が推進する21世紀型の理工系出版レーベルです。デジタルパワーを積極活用することで、オンデマンド型のスピーディでサステナブルな出版モデルを提案します。

近代科学社Digital は株式会社インプレスR&Dが開発したデジタルファースト出版プラットフォーム "NextPublishing" との協業で実現しています。

あなたの研究成果、近代科学社で出版しませんか？

▶ 自分の研究を多くの人に知ってもらいたい！
▶ 講義資料を教科書にして使いたい！
▶ 原稿はあるけど相談できる出版社がない！

そんな要望をお抱えの方々のために
近代科学社Digital が出版のお手伝いをします！

近代科学社 Digital とは？
ご応募いただいた企画について著者と出版社が協業し、プリントオンデマンド印刷と電子書籍のフォーマットを最大限活用することで出版を実現させていく、次世代の専門書出版スタイルです。

近代科学社 Digital の役割
- **執筆支援** 編集者による原稿内容のチェック、様々なアドバイス
- **制作製造** POD書籍の印刷・製本、電子書籍データの制作
- **流通販売** ISBN付番、書店への流通、電子書籍ストアへの配信
- **宣伝販促** 近代科学社ウェブサイトに掲載、読者からの問い合わせ一次窓口

近代科学社 Digital の既刊書籍 （下記以外の書籍情報はURLより御覧ください）

詳解 マテリアルズインフォマティクス
著者：船津公人／井上貴央／西川大貴
印刷版・電子版価格（税抜）：3200円
発行：2021/8/13

超伝導技術の最前線[応用編]
著者：公益社団法人 応用物理学会
超伝導分科会
印刷版・電子版価格（税抜）：4500円
発行：2021/2/17

AIプロデューサー
著者：山口 高平
印刷版・電子版価格（税抜）：2000円
発行：2022/7/15

詳細・お申込は近代科学社Digitalウェブサイトへ！
URL: https://www.kindaikagaku.co.jp/kdd/

近代科学社 Digital
教科書発掘プロジェクトのお知らせ

教科書出版もニューノーマルへ！
オンライン、遠隔授業にも対応！
好評につき、通年ご応募いただけるようになりました！

近代科学社 Digital　教科書発掘プロジェクトとは？

- オンライン、遠隔授業に活用できる
- 以前に出版した書籍の復刊が可能
- 内容改訂も柔軟に対応
- 電子教科書に対応

　何度も授業で使っている講義資料としての原稿を、教科書にして出版いたします。書籍の出版経験がない、また地方在住で相談できる出版社がない先生方に、デジタルパワーを活用して広く出版の門戸を開き、世の中の教科書の選択肢を増やします。

教科書発掘プロジェクトで出版された書籍

情報を集める技術・伝える技術
著者：飯尾 淳
B5判・192ページ
2,300円（小売希望価格）

代数トポロジーの基礎
——基本群とホモロジー群——
著者：和久井 道久
B5判・296ページ
3,500円（小売希望価格）

学校図書館の役割と使命
——学校経営・学習指導にどう関わるか——
著者：西巻 悦子
A5判・112ページ
1,700円（小売希望価格）

募集要項

募集ジャンル
　大学・高専・専門学校等の学生に向けた理工系・情報系の原稿

応募資格
1. ご自身の授業で使用されている原稿であること。
2. ご自身の授業で教科書として使用する予定があること（使用部数は問いません）。
3. 原稿送付・校正等、出版までに必要な作業をオンライン上で行っていただけること。
4. 近代科学社 Digital の執筆要項・フォーマットに準拠した完成原稿をご用意いただけること (Microsoft Word または LaTeX で執筆された原稿に限ります)。
5. ご自身のウェブサイトや SNS 等から近代科学社 Digital のウェブサイトにリンクを貼っていただけること。

※本プロジェクトでは、通常ご負担いただく出版分担金が無料です。

詳細・お申込は近代科学社 Digital ウェブサイトへ！
URL: https://www.kindaikagaku.co.jp/feature/detail/index.php?id=1